W0310147

FiNALEonline.de

FiNALEonline.de ist die digitale Ergänzung zu deinem Arbeitsbuch. Hier findest du eine Vielzahl an Angeboten, die dich zusätzlich bei deiner Prüfungsvorbereitung in Deutsch unterstützen!

Das Plus für deine Prüfungsvorbereitung:

- das Extra-Training Rechtschreibung
- Original-Prüfungsaufgaben mit Lösungen (bitte Code von S. 4 eingeben)
- Tipps zur Prüfungsvorbereitung, die das Lernen erleichtern

Online-Grundlagentraining

Du hast noch Lücken aus den vorherigen Schuljahren? Kein Problem! Das Online-Grundlagentraining auf FiNALEonline.de hilft dir dabei, wichtigen Lernstoff nachzuarbeiten und zu wiederholen.
Und so funktioniert es:

Für das Fach Deutsch stehen dir über 100 Aufgaben zu prüfungsrelevanten Grundlagen in kurzen Trainingseinheiten zur Verfügung.

Unser Tipp für Lehrerinnen und Lehrer:
Nutzen Sie unsere vielfältigen Arbeitsblätter auch für Ihren Unterricht.

Für Lehrerinnen und Lehrer:
Die Lehrerhandreichung für den optimalen Einsatz der Arbeitsbücher im Unterricht zum kostenlosen Download!

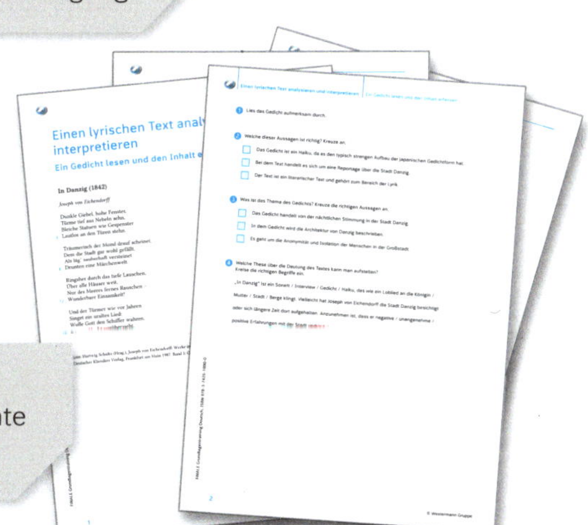

Du übst lieber auf Papier? Dann klicke auf „PDF“ und drucke dir die gewünschte Trainingseinheit einfach aus.

FiNALE Grundlagentraining Deutsch

Das FiNALE Grundlagentraining ist die ideale Ergänzung zu diesem Arbeitsbuch. Es bietet eine große Auswahl an Materialien, mit deren Hilfe du prüfungsrelevantes Grundlagenwissen auffrischen und aktiv trainieren kannst.

Folgende Inhalte werden in diesem Band behandelt:

- → Überprüfung des Leseverstehens
- → Analyse und Interpretation literarischer Texte
- → argumentativer Umgang mit Sachthemen
- → Arbeitstechniken und prüfungsrelevante Fachbegriffe
- → grundlegendes Grammatikwissen
- → die wichtigsten Operatoren im Fach Deutsch

Zu jeder Trainingseinheit gibt es anschauliche Lösungen.

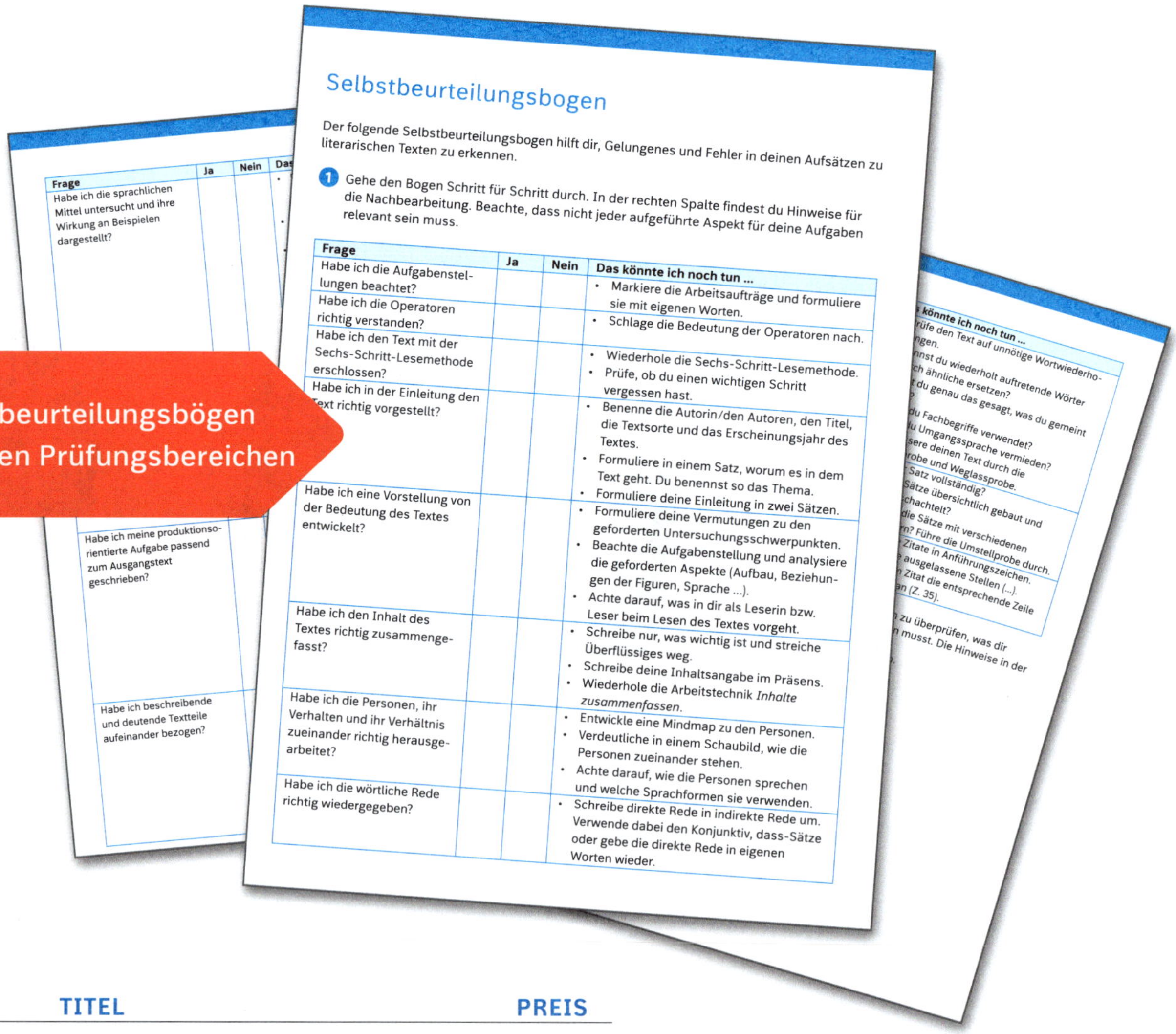

Mit Selbstbeurteilungsbögen zu wichtigen Prüfungsbereichen

BESTELL-NR.	TITEL	PREIS
978-3-7426-1890-0	FiNALE Grundlagentraining Deutsch	13,95 €

FiNALE Grundlagentraining gibt es auch für die Fächer Englisch und Mathematik.

westermann

FINALE Prüfungstraining

Nordrhein-Westfalen

Erweiterter Erster Schulabschluss (vormals Hauptschulabschluss) **2024**

Deutsch

Andrea Heinrichs
Martina Wolff

FiNALEonline.de

Liebe Schülerin, lieber Schüler,

sobald die Original-Prüfungsaufgaben zur Veröffentlichung freigegeben sind, können sie unter **www.finaleonline.de** zusammen mit ausführlichen Lösungen kostenlos heruntergeladen werden. Gib dazu einfach diesen Code ein:

DE9f6Jn

Einfach mal reinschauen: www.finaleonline.de

Bildquellennachweis
|Bitkom e.V., Berlin: 129.1; Mit 10 Jahren machen Kinder einen Technologiesprung 24.4. |Institut für Beschäftigung und Employability IBE, Ludwigshafen: Zoom-Fatigue / 2020 121.1. |KKH Kaufmännische Krankenkasse, Hannover: 65.1. |LVR-Institut für Landeskunde und Regionalgeschichte, Bonn: 81.1, 81.2. |Medienpädagogischer Forschungsverbund Südwest (www.mpfs.de), Stuttgart: 12.1, 24.1. |Peter Wirtz Fotografie, Dormagen: Titel. |Schwarz, Thies, Hannover: 115.1. |Shutterstock.com, New York: kuban_girl 78.1. |Wissenschaftlicher Dienst des europäischen Parlaments/Europäisches Parlament, München: „Originalversion veröffentlicht von der Europäischen Union auf der nachfolgenden Webseite: https://www.europarl.europa.eu/pdfs/news/expert/2018/10/story/20181005STO15110/20181005STO15110_de.pdf, © Europäische Union, 2021 – Quelle: Europäisches Parlament. 85.1, 85.2. |© Statistisches Bundesamt (Destatis), Wiesbaden: 24.2, 24.3.

Druck A[1] / Jahr 2023
Alle Drucke der Serie A sind im Unterricht parallel verwendbar.

Redaktion: Katrin Spiller
Kontakt: finale@westermanngruppe.de
Layout: LIO Design GmbH, Braunschweig
Umschlaggestaltung: Gingco.Net, Braunschweig
Umschlagfoto: Peter Wirtz, Dormagen
Druck und Bindung: Westermann Druck GmbH, Georg-Westermann-Allee 66, 38104 Braunschweig

ISBN 978-3-07-**172400**-6

Was erwartet dich in diesem Arbeitsbuch?

Du bist in der 10. Klasse und vor dir liegt die Zentrale Prüfung nach Klasse 10, das große „FiNALE". Dieses Arbeitsbuch soll dich mit den Prüfungsaufgaben und ihren Anforderungen vertraut machen.

Im **Teil A** erhältst du Hinweise, wie du dich zweckmäßig auf die Prüfung vorbereiten kannst. An Beispielen lernst du Prüfungsaufgaben und ihre Bewertung kennen.

In den **Teilen B** und **C** wiederholst du wichtige Arbeitstechniken und Strategien, wie du Schreibaufgaben bearbeitest. Zu jedem Arbeitsschritt – von der ersten Orientierung bis zur Überarbeitung deines Textes – bekommst du wichtige Informationen und hilfreiche Tipps.

In den **Teilen D** und **E** dieses Buches findest du die **Original-Prüfungsaufgaben 2022**, die dir einen Eindruck davon vermitteln, wie die zentrale Prüfungsarbeit aussehen könnte. Außerdem findest du in den Teilen **D, E** und **F** Übungsaufgaben zu den Themenbereichen „Medien und Kultur", „Eine Frage der Beziehung" und „Digitale Welten". Manche Aufgaben enthalten Lösungshilfen, die darauf hinweisen, worauf du bei der Erschließung der Texte und bei der Anlage deines Schreibplans achten musst. Sie sind mit dem Zusatz „angeleitetes Üben" versehen. Andere Aufgaben sind zum selbstständigen Üben gedacht und ebenfalls mit einem entsprechenden Hinweis versehen (selbstständiges Üben).

Die **zentrale Prüfungsarbeit 2023** ist zum Zeitpunkt des Drucks dieses Arbeitsbuches noch nicht geschrieben worden. Sobald die Original-Prüfungsaufgaben zur Veröffentlichung freigegeben worden sind, können sie unter *www.finaleonline.de* zusammen mit ausführlichen Lösungen kostenlos mit dem Codewort **DE9f6Jn** heruntergeladen werden.

Mit dem **Glossar** schließt dieses Arbeitsbuch zur Abschlussprüfung. Hier kannst du wichtige Grundbegriffe zur Erschließung von literarischen Texten und Sachtexten nachschlagen.
Und natürlich gibt es auch ein **Lösungsheft**, in dem du die Richtigkeit jedes Arbeitsschrittes überprüfen kannst. Außerdem findest du zu jeder Original-Prüfungsaufgabe eine mögliche Beispiellösung, sodass du einschätzen kannst, was in der Abschlussprüfung von dir erwartet wird.

In diesem Arbeitsbuch findest du Schreibraum für wichtige vorbereitende Notizen. Deinen Text zur Schreibaufgabe musst du allerdings auf einem gesonderten Blatt Papier anfertigen. Auch wenn du sonst einmal nicht genug Platz für deine Ausführungen findest, nimm dir einfach einen Zettel oder ein Heft zur Hand.

Damit du ein Gefühl für die zur Verfügung stehende Arbeitszeit bekommst, solltest du dir bei den Aufgaben in den Teilen D, E und F eine Uhr bereitlegen.

Wir hoffen, dass du dich nach der Bearbeitung dieses Heftes sicher für das „FiNALE" fühlst, und wünschen dir für die Prüfung toi, toi, toi.
Die Autorinnen

TIPP

Hast du noch Lücken aus den vorherigen Schuljahren? Dann empfehlen wir dir das „FiNALE Grundlagentraining Deutsch" (ISBN 978-3-7426-1890-0). Es bietet prüfungsrelevantes Grundlagenwissen zum Nachschlagen und Üben.

Ergänzend dazu findest du im Internet unter *www.finaleonline.de/grundlagentraining* ein kostenloses Online-Training bestehend aus interaktiven Übungsaufgaben und Arbeitsblättern zum Ausdrucken.

A Vorbereitung auf die Abschlussprüfung

A 1 Vorgaben für die Prüfung

Was erwartet dich in den zentralen Prüfungen nach Klasse 10 im Fach Deutsch? Informiere dich über den zeitlichen Ablauf und die inhaltlichen Vorgaben für deinen Prüfungstag:

INFO

Die Bearbeitung der Aufgaben der schriftlichen Abschlussprüfung in Deutsch umfasst **125 Minuten**. Zusätzlich erhältst du 10 Minuten zur ersten Orientierung (Bonuszeit). Du kannst entscheiden, welchem der beiden Prüfungsteile die Bonuszeit zugerechnet wird; eine Aufteilung ist ebenfalls möglich. Zusätzlich hast du 10 Minuten Zeit, um dich für ein Wahlthema zu entscheiden.

Die Abschlussprüfung besteht aus zwei Teilen:

Erster Prüfungsteil: Leseverstehen
Du erhältst einen Text und bearbeitest dazu Teilaufgaben.
Dafür hast du **30 Minuten** Zeit.

Erster Prüfungsteil: Leseverstehen 30 min

Zweiter Prüfungsteil: Schreiben
Du erhältst **zwei** Schreibaufgaben zur **Auswahl**. Jetzt hast du **10 Minuten Zeit**, um dich für **ein** Wahlthema zu entscheiden. Das **Wahlthema 1** ist das **Analysieren (AT 4a)**. Das **Wahlthema 2** ist entweder das **Informieren (AT 2)** oder das **Untersuchen/Vergleichen (AT 4b)**.

Zweiter Prüfungsteil: Wahlthema 1: Analysieren (AT 4a) 95 min	**Zweiter Prüfungsteil: Wahlthema 2: Informieren** (AT 2) 95 min	oder	**Zweiter Prüfungsteil: Wahlthema 2: Untersuchen/ Vergleichen** (AT 4b) 95 min

Deine Wahlmöglichkeiten → **Wahlthema 1** oder **Wahlthema 2**

1 Notiere, was du innerhalb der vorgegebenen Zeiten am Prüfungstag erledigen musst:

30 Minuten: ______

10 Minuten: ______

95 Minuten: ______

10 Minuten (Bonuszeit): ______

2 Du findest in diesem Heft in den Teilen C bis F verschiedene Schreibaufgaben. Bearbeite sie und notiere jeweils, wieviel Zeit du für die Bearbeitung einplanen musst.

Prüfungsbeispiel: ______	**geplante Zeit**	**benötigte Zeit**
Sich über den Text/die Texte und die Aufgabenstellung orientieren		
Aufgabentext oder -texte lesen und Inhalt(e) erfassen		
Einen Schreibplan anlegen		
Materialtext(e) auswerten und Stichworte im Schreibplan festhalten		
Deinen Text schreiben		
Deinen Text überarbeiten		

A 2 Die Prüfungsaufgaben

A 2.1 Das Leseverstehen: ein Beispiel

Im Prüfungsteil I erwarten dich verschiedene Aufgabenarten. Mit ihnen wird überprüft, ob du den Text richtig gelesen und verstanden hast. Dazu musst du richtige Lösungen ankreuzen, Lückentexte ausfüllen, Aussagen aus dem Text erklären, eine Skizze deuten, Zusammenhänge erläutern oder zu bestimmten Aussagen (Standpunkten) Stellung nehmen.

Doch zunächst musst du den Text erschließen: Unterstreiche unbekannte Begriffe und kläre sie, markiere Schlüsselstellen, finde Überschriften zu Sinnabschnitten usw. Lies die Aufgabenstellungen genau und vergewissere dich mithilfe der passenden Textstellen, dass deine Antworten zutreffen.

1 Diese Prüfungsvorlage wurde bereits zum größten Teil bearbeitet. Überprüfe und korrigiere die Antworten. An manchen Stellen war der Schüler unsicher. Dort findest du Fragezeichen *??*. Sie sind ein Hinweis für dich, diese Antworten genau zu überprüfen.

Digitale Welten

Teil I

Lies zunächst den Text sorgfältig durch und bearbeite anschließend die Aufgaben **1** – **12**.

M1 Die Revolution des Lesens

weg vom gedruckten Buch, hin zu E-Reader und E-Book

??

(1) Die „Welt des Lesens" befindet sich zurzeit im Umbruch. Verlage, Buchhandel, Büchereien und Buchhandlungen sowie die Leserinnen und Leser müssen sich auf die zunehmende Digitalisierung des Lesens einstellen. E-Reader und E-Books, Smartphones und Tablets haben das Lese- und Kaufverhalten von Lesern in der Welt gewaltig verändert. Diese Geräte haben seit 2005, als die ersten bezahlbaren, leichten und gut benutzbaren E-Reader auf den Markt kamen, die größte Revolution seit der Erfindung des modernen Buchdrucks vor mehr als 560 Jahren eingeläutet.

(2) Bis zum Jahr 2013 stiegen die Umsätze aus dem Verkauf von E-Books in Deutschland jährlich um mehr als 50 % an, aber im Jahr 2015 ist das Wachstum eingebrochen. Insgesamt bleibt der Anteil von E-Books am gesamten Buchmarkt in Deutschland mit nur 4,3 % immer noch sehr niedrig. Während früher Experten damit rechneten, dass bald mehr digitale als gedruckte Bücher verkauft werden würden, haben sie diese Prognose rasch nach unten korrigiert.

(3) Die Perspektiven für die einzelnen Sparten der Buchbranche sind recht unterschiedlich. Die Verlage setzen weiterhin darauf, dass viele ihrer Titel als E-Book erscheinen müssen. Davon profitiert der Online-Buchhandel sehr stark, weil E-Books in der Regel über das Internet gekauft werden. Die Buchhändler in ihren Geschäften vor Ort sehen deshalb starke Einbußen im Umsatz auf sich zukommen. Warum ist aber nicht damit zu rechnen, dass in den nächsten Jahren alle Leser zu elektronischen Lesern werden, obwohl doch nahezu jeder, vor allem Jugendliche, täglich auf dem Handy, dem Smartphone, dem Tablet oder auf dem Computer Texte liest?

(4) Untersuchungen haben ergeben, dass es auch in Zukunft eine „klassische" und eine „digitale Lesewelt" geben wird. Das gedruckte Buch ist weiterhin so

M2

erfolgreich, weil viele Menschen dem digitalen Lesen immer noch misstrauen. Das Lesen auf Bildschirmen sei flüchtig, meinen sie. Wer behalten will, was er liest, müsse es auf Papier gedruckt lesen. Ein Vorurteil? Es gibt verschiedene Untersuchungen zu diesem Thema, die alle zu dem Ergebnis kommen, dass wir digitale Texte ähnlich gut verstehen wie gedruckte Texte. Dennoch hat die Lust am Lesen von Gedrucktem nicht abgenommen. Viele Leserinnen und Leser möchten beim Lesen kein elektronisches Gerät in der Hand halten, sondern ein Buch aus Papier, bei dem man die Seiten umblättern, das Papier fühlen und das man ins Regal stellen kann.

(5) Noch nie haben Menschen so viel gelesen wie heute. Viele wichtige Informationen erhalten wir heute in Form von Kurztexten über Facebook oder WhatsApp, per SMS, über Twitter oder in Blogs. Das Lesen dieser Informationen geschieht ständig. Da wir hierfür aber nicht unsere gesamte Zeit aufwenden wollen, müssen wir uns zukünftig mit zwei Fragen auseinandersetzen: Müssen wir den Text lesen oder wollen wir ihn lesen?

(6) Die Antworten auf diese Fragen führen zu den beiden verschiedenen Arten des Lesens, die in der Wissenschaft unterschieden werden: das zeitaufwendige tiefe Lesen, bei dem sich der Leser ohne Störung in eine andere Welt begeben will, und das informierende Lesen, bei dem es vor allem darum geht, möglichst schnell und genau viele Informationen aufzunehmen und zu verarbeiten. Zum gedruckten Buch greift ein Leser meistens, wenn es ums Lesevergnügen geht. Um schnell an Informationen zu gelangen, werden das Handy oder das Tablet benutzt. Leserinnen und Leser haben heute nicht nur die Wahl, was, sondern auch, wie sie lesen wollen.

Autorentext

AUFGABEN 1 – 12

TIPP zu 1 bis 4

1. Lies jede Aufgabe und überlege genau, wie sie gemeint ist.
2. Suche im Text die passenden Stellen und vergleiche beide Aussagen.
3. Hilfreich ist es, wenn du vor der Bearbeitung der Aufgaben den Text sorgfältig erschlossen hast; d. h. unbekannte Begriffe sind geklärt, Schlüsselstellen markiert, Sinnabschnitte gebildet und Zwischenüberschriften formuliert.

1 Kreuze die richtige Aussage an. In diesem Text geht es um …

a) die Veränderungen im Bereich des Buchmarkts durch die zunehmende Digitalisierung des Lesens. ☒

b) die Veränderungen im Bereich des Buchmarkts durch den Einsatz von E-Readern. ☐

c) die Veränderungen im Bereich des Buchmarkts durch die sozialen Medien. ☐

d) die Veränderungen im Bereich des Buchmarkts durch den Anstieg der Verkaufszahlen von E-Books. ☐

2 Kreuze die richtige Antwort an.

a) Der moderne Buchdruck wurde um 1450 nach Christus erfunden. ☒

b) Der moderne Buchdruck wurde um 1550 nach Christus erfunden. ☐

c) Der moderne Buchdruck wurde um 1650 nach Christus erfunden. ☐

d) Der moderne Buchdruck wurde um 1750 nach Christus erfunden. ☐

3 Kreuze die richtige Antwort an.
Die „Revolution des Lesens" begann (Abschnitt 1), als …

a) man die ersten Laptops kaufen konnte. ☐

b) die ersten Smartphones auf den Markt kamen. ☐

c) die ersten bezahlbaren und gut benutzbaren E-Reader auf den Markt kamen. ☒

d) die ersten Tablets gekauft werden konnten. ☐

4 Kreuze die richtige Antwort an.
Der Satz *„Leserinnen und Leser haben heute nicht nur die Wahl, was, sondern auch, wie sie lesen wollen."* (Z. 48/49) soll verdeutlichen, dass …

a) die Menschen überall Bücher und Zeitungen lesen können. ☐

b) die Menschen alles lesen können, was gedruckt worden ist. ☐

c) die Menschen die Freiheit haben zu entscheiden, welche Bücher und Zeitungen sie gedruckt oder in digitaler Form lesen wollen. ☒

d) die Menschen die Wahl haben, ob sie überhaupt etwas lesen wollen. ☐

TIPP zu 5

Der Wortlaut der Aufgabenstellungen gibt dir den Hinweis darauf, dass es mehrere richtige Lösungsmöglichkeiten geben kann. Also musst du evtl. auch mehrere Kreuze setzen.

5 Kreuze die richtigen Antworten an.
Viele Menschen misstrauen dem digitalen Lesen noch (Abschnitt 4), weil …

a) sie es für zu anstrengend halten. ☐

b) sie davon Kopfschmerzen bekommen. ☐

c) sie glauben, die so gelesenen Informationen nicht behalten zu können. ☒

d) sie es für flüchtig halten. ☒

6 Kreuze die richtige Antwort an.
In der Wissenschaft unterscheidet man zwei Arten des Lesens:

??

a) das schnelle Lesen und das langsame Lesen. ☐

b) das zeitaufwendige Lesen und das tiefe Lesen. ☐

c) das zeitaufwendige, störungsfreie Lesen und das schnelle, informationsverarbeitende Lesen. ☒

d) das flüchtige Lesen und das informationsverarbeitende Lesen. ☐

TIPP zu 7 / 8 / 9

1. Suche im Text die passenden Stellen und lies sie noch einmal genau.
2. Wenn du eine eigene Entscheidung begründen sollst, denke daran, deine Meinung am Text zu belegen. Du musst also Zeilenangaben in Klammern ergänzen.

7 Kreuze die richtige Antwort an.
Mit „Revolution" meint der Autor im Textzusammenhang (Z. 15), dass sich ...

a) das Lesen grundlegend verändert hat. ☐
b) das Lese- und Kaufverhalten von Lesern stark verändert hat. ☒
c) die verschiedenen Medien verändert haben. ☐
d) die Einstellung der Menschen dem Lesen gegenüber verändert hat. ☐

8 Kreuze die richtige Antwort an.
„Die „Welt des Lesens" befindet sich zurzeit im Umbruch." (Abschnitt 1)
Die Formulierung „befindet sich im Umbruch" soll darauf hinweisen, dass ...

a) eine Veränderung bevorsteht. ☐
b) eine Veränderung nicht einsetzen wird. ☐
c) eine Veränderung begonnen hat. ☒
d) eine Veränderung unwahrscheinlich ist. ☐

9 Im Text nennt der Autor mehrere Gründe, warum die Menschen weiterhin Freude am Lesen von Gedrucktem haben (Abschnitt 4). Notiere einen davon und begründe, weshalb er für dich wichtig ist.

Ich möchte beim Lesen kein elektronisches Gerät in der Hand halten. Bei einem Buch aus Papier kann ich die Seiten umblättern und das Papier fühlen. Ich mag dieses Gefühl und ich kann mich mit einem Buch aus Papier beim Lesen leichter in eine andere Welt träumen.

TIPP zu 10 und 11

1. Als Ergänzung zu den Texten musst du zum Nachweis deines Leseverständnisses zum Teil auch Schaubilder, Grafiken oder Diagramme auswerten. Wie du sie erschließen kannst, übst du im Kapitel B 4 auf den Seiten 23–25.
2. Die Aufgaben verlangen von dir, dass du das Material im Vorfeld erschlossen hast.
3. Oftmals musst du die Aussagen aus Text und Schaubild, Grafik oder Diagramm miteinander vergleichen.

M2 Das Leseverhalten Jugendlicher

Bücher lesen* (2011 bis 2021)
mehrmals pro Woche/täglich

*nur gedruckte Bücher, Angaben in Prozent, Basis: alle Befragten (Jugendliche im Alter von 12 bis 19 Jahren)

JIM-Studie 2021, Medienpädagogischer Forschungsverbund Südwest

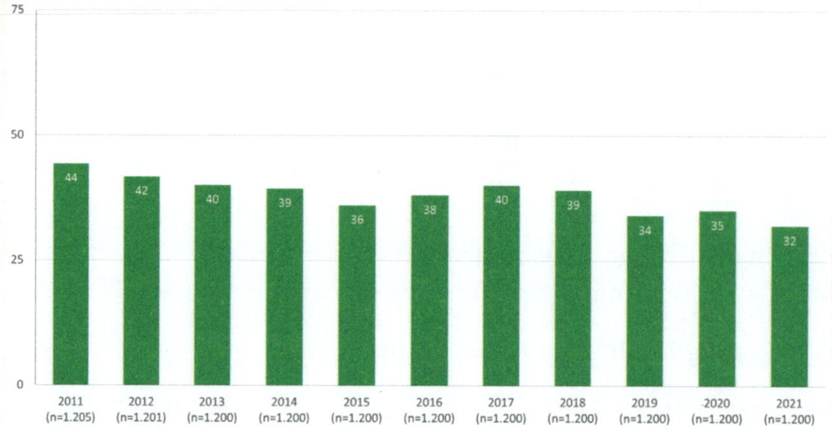

10 Beschreibe das Schaubild mit eigenen Worten.

Das Säulendiagramm beschreibt, wie hoch der Anteil der Jugendlichen im Alter von zwölf bis 19 Jahren ist, die mehrmals pro Woche oder täglich Bücher lesen, und zwar im Zeitraum von 2011 bis 2021. Es fällt auf, dass dieser Wert im Zeitraum von 2011 bis 2015 stetig sinkt, und zwar von 44 auf 36 Prozent. Bis 2017 ist ein Anstieg auf 40 Prozent zu beobachten. Dann sinkt der Wert wieder ab. Ausnahme ist das Jahr 2020. Hier ist ein kleiner Anstieg zu verzeichnen. 2021 wird ein Tiefpunkt erreicht. Nur 32 Prozent der Befragten greifen mehrmals pro Woche oder täglich zum Buch.

11 Begründe, ob Text und Schaubild zusammenpassen.

Meiner Ansicht nach passen Text und Schaubild nur teilweise zusammen. Zwar beschäftigen sich beide Materialien im weitesten Sinne mit dem Thema „Lesen", setzen aber unterschiedliche Schwerpunkte. Der Text beschreibt die Veränderung des Leseverhaltens im Zusammenhang mit der Digitalisierung des Lesens. Das Diagramm hingegen stellt dar, wie hoch der Anteil der Jugendlichen ist, die mehrmals pro Woche oder täglich lesen. Dabei bezieht es sich aber nur auf gedruckte Bücher, während es in dem Text ausdrücklich um das digitale Lesen geht.

12 Eine Schülerin sagt nach dem Lesen des Textes: *„Im Internet finde ich alle Informationen, die ich brauche. Außerdem kann ich mir auf mein iPad alle Texte herunterladen, die ich benötige. Gedruckte Bücher brauche ich deshalb nicht mehr."* Du kannst dieser Aussage zustimmen oder nicht. Wichtig ist, dass du deine Meinung begründest und dich auf mehrere Textaussagen beziehst.

Ich stimme dieser Aussage nicht zu, weil ich finde, dass Lesen mehr ist, als sich Informationen herunterzuladen. Auch sind nicht alle Texte und Bücher, die ich lesen möchte, bereits in digitaler Form erschienen. Manchmal kaufe ich mir auch ein gedrucktes Buch, um das Vergnügen zu haben, die Buchseiten umzublättern, es neben meinem Bett abzulegen oder es morgens im Schulbus zu lesen, während alle anderen mit ihren Handys beschäftigt sind. Viele gedruckte Bücher sind nämlich einfach schön anzuschauen, weil sie hübsch eingebunden und illustriert sind. Da kann ein E-Book nur schwer mithalten.

A 2.2 Die Schreibaufgabe: ein Beispiel (Aufgabentyp 4a)

Im Teil II der Prüfung wird überprüft, ob du Sachtexte, literarische Texte, Gedichte und ggf. auch Schaubilder und Anzeigen analysieren und miteinander vergleichen bzw. aufeinander beziehen (Aufgabentyp 4a oder 4b) oder ob du zu einem bestimmten Sachverhalt einen informierenden Text schreiben kannst (Aufgabentyp 2). Beim Aufgabentyp 4a musst du den vorgegebenen Text zunächst untersuchen. Dabei orientierst du dich an vorgegebenen Teilaufgaben. In einem zweiten Schritt musst du deine Untersuchungsergebnisse in einem zusammenhängenden Text ausformulieren. In einer abschließenden Aufgabe wird entweder eine Stellungnahme zu einer Aussage zum Text bzw. zu einem Zitat aus dem Text oder ein kurzer Text aus der Perspektive einer Figur (vgl. Aufgabe **1** f) von dir erwartet.

1 Die unten stehende Prüfungsvorlage wurde bereits von einem Schüler bearbeitet. Lies dir die an ihn gestellten Aufgaben durch und markiere die Verben und Schlüsselwörter.

2 Bereite den Text selbst für eine Analyse vor. Erschließe ihn mit der Lesemethode (S. 19) und setze die Anmerkungen am Rand fort. Orientiere dich dabei an den Teilaufgaben.

Eine Frage der Beziehung

Teil II

Lies bitte zuerst den Text, bevor du die Aufgaben bearbeitest. Schreibe einen zusammenhängenden Text.

AUFGABENSTELLUNG

1 **Analysiere** die Erzählung „Die Kirschen" von Wolfgang Borchert. Gehe dabei so vor:

a) **Schreibe** eine Einleitung, in der du Titel, Autor und Erscheinungsjahr **benennst** und das Thema **formulierst**.
b) **Fasse** den Text **zusammen**.
c) **Stelle dar**, welches Missverständnis zwischen Vater und Sohn besteht.
d) **Untersuche**, wie die Gedanken des Sohnes durch die formalen und sprachlichen Mittel deutlich gemacht werden (*mögliche Aspekte: Erzählverhalten, Wiederholungen, Satzbau*).
e) **Erläutere**, warum der Sohn am Ende *„den Kopf tief unter die Decke"* (Z. 91–92) steckt.
f) **Verfasse** einen kurzen Text aus der Sicht des Vaters:
   - Was denkt der Vater, als ihm das Glas Kirschen in der Küche zerbricht und sein Sohn hereinkommt?
   - Warum möchte er, dass der Sohn sofort wieder ins Bett geht?
   - Welche weiteren Sorgen macht er sich?

Schreibe in der Ich-Form und berücksichtige die Informationen, die der Textauszug gibt.

Die Kirschen *Wolfgang Borchert (1962)*

unvermittelter Einstieg

Fieberkranker hört, dass Glas zerbricht; denkt, jemand würde seine Kirschen essen

Nebenan klirrte ein Glas. Jetzt isst er die Kirschen auf, die für mich sind, dachte er. Dabei habe ich das Fieber. Sie hat die Kirschen extra vors Fenster gestellt, damit sie ganz kalt sind. Jetzt hat er das Glas hingeschmissen. Und ich hab das Fieber.

Der Kranke stand auf. Er schob sich die Wand entlang. Dann sah er durch die Tür, dass sein Vater auf der Erde saß. Er hatte die ganze Hand voll Kirschsaft.

Sohn glaubt, Vater habe seine Kirschen gegessen; hat die Hand voller Saft

Wiederholung

Alles voll Kirschen, dachte der Kranke, alles voll Kirschen. Dabei sollte ich sie essen. Ich hab doch das Fieber. Er hat die ganze Hand voll Kirschsaft. Die waren sicher schön kalt. Sie hat sie doch extra vors Fenster gestellt für das Fieber. Und er isst mir die ganzen Kirschen auf. Jetzt sitzt er auf der

Erde und hat die ganze Hand davon voll. Und ich hab das Fieber. Und er hat den kalten Kirschsaft auf der Hand. Den schönen kalten Kirschsaft. Er war bestimmt ganz kalt. Er stand doch extra vorm Fenster. Für das Fieber.

Junge betrachtet Vater; der ist besorgt und schickt seinen Sohn ins Bett; Sohn bemerkt nicht, dass der Vater blutet; er denkt nur an die Kirschen, die die Mutter kalt gestellt hat

Er hielt sich am Türdrücker[1]. Als der quietschte, sah der Vater auf. Junge, du musst doch zu Bett. Mit dem Fieber, Junge. Du musst sofort zu Bett.

Alles voll Kirschen, flüsterte der Kranke. Er sah auf die Hand. Alles voll Kirschen.

Du musst sofort zu Bett, Junge. Der Vater versuchte aufzustehen und verzog das Gesicht. Es tropfte von seiner Hand.

Alles Kirschen, flüsterte der Kranke. Alles meine Kirschen. Waren sie kalt?, fragte er laut. Ja? Sie waren doch sicher schön kalt, wie? Sie hat sie doch extra vors Fenster gestellt, damit sie ganz kalt sind. Damit sie ganz kalt sind.

Der Vater sah ihn hilflos von unten an. Er lächelte etwas. Ich komme nicht wieder hoch, lächelte er und verzog das Gesicht. Das ist doch zu dumm, ich komme buchstäblich nicht wieder hoch.

Der Kranke hielt sich an der Tür. Die bewegte sich leise hin und her von seinem Schwanken. Waren sie schön kalt?, flüsterte er, ja?

Ich bin nämlich hingefallen, sagte der Vater. Aber es ist wohl nur der Schreck. Ich bin ganz lahm, lächelte er. Das kommt von dem Schreck. Es geht gleich wieder. Dann bring ich dich zu Bett. Du musst ganz schnell zu Bett. Der Kranke sah auf die Hand. Ach, das ist nicht so schlimm. Das ist nur ein kleiner Schnitt. Das hört gleich auf. Das kommt von der Tasse, winkte der Vater ab. Er sah hoch und verzog das Gesicht. Hoffentlich schimpft sie nicht. Sie mochte gerade diese Tasse so gern. Jetzt hab ich sie kaputt gemacht. Ausgerechnet diese Tasse, die sie so gern mochte. Ich wollte sie ausspülen, da bin ich ausgerutscht. Ich wollte sie nur ein bisschen kalt ausspülen und deine Kirschen da hinein tun. Aus dem Glas trinkt es sich so schlecht im Bett. Das weiß ich noch. Daraus trinkt es sich so schlecht im Bett. Der Kranke sah auf die Hand. Die Kirschen, flüsterte er, meine Kirschen?

Der Vater versuchte noch einmal, hochzukommen. Die bring ich dir gleich, sagte er. Gleich, Junge. Geh schnell zu Bett mit deinem Fieber. Ich bring sie dir gleich. Sie stehen noch vorm Fenster, damit sie schön kalt sind. Ich bring sie dir sofort.

Der Kranke schob sich an der Wand zurück zu seinem Bett. Als der Vater mit den Kirschen kam, hatte er den Kopf tief unter die Decke gesteckt.

1 **der Türdrücker:** die Türklinke

aus: Borchert, Wolfgang: Die traurigen Geranien und andere Geschichten aus dem Nachlaß. Hrsg. von Peter Rühmkorf. Reinbek bei Hamburg: Rowohlt 1962. S. 13 ff.

3 Untersuche den folgenden Schülertext.

a) Wie ist der Text strukturiert? Halte stichwortartig die Inhalte der einzelnen Abschnitte fest.

b) Bearbeite die folgenden Aufgaben und schreibe dein Ergebnis an den Rand.
- Kennzeichne, wo die Aspekte der Aufgabenstellung berücksichtigt werden, z. B. **1** a): Z. 1 – 3 …
- Überprüfe, ob die genannte Textart vorliegt und durch welche Merkmale sie belegt wurde.
- Wo hat der Schüler Aussagen mit Textbelegen gestützt? Unterstreiche diese Stellen.
- An welchen Stellen würdest du etwas ergänzen, wo etwas streichen?
- Ist der Text aus der Sicht des Vaters nachvollziehbar geschrieben? Passt er zum Inhalt der Erzählung?
- Schreibe dir die Ausdrücke und Wendungen, die du dir merken willst, heraus.

In der Kurzgeschichte „Die Kirschen" von Wolfgang Borchert aus dem Jahr 1962 wird beschrieben, wie ein Missverständnis zwischen einem fieberkranken Sohn und seinem gestürzten Vater dafür sorgt, dass sich der Sohn für seine Gedanken und sein Verhalten schämt.

Teilaufgabe 1a) – Titel, Autor, Thema, Textart

Nachdem ein fieberkranker Junge gehört hat, dass ein Glas zerbrochen ist, denkt er, sein Vater hätte die Kirschen darin gegessen, die eigentlich für ihn bestimmt waren. Er geht in das Zimmer, aus dem er die Geräusche gehört hat, und sieht seinen Vater auf dem Boden sitzen. Zunächst denkt er, dieser habe Kirschsaft auf seiner Hand. Obwohl der Vater gestürzt ist und offensichtlich Schmerzen verspürt, sorgt er sich um seinen Sohn und will ihn zurück ins Bett schicken, kann aber selbst nicht aufstehen. Der Junge denkt nur an seine Kirschen, nicht an die Folgen des Sturzes für den Vater. Dieser erklärt ihm, dass er sich an der Tasse geschnitten habe, als er die Kirschen umfüllen wollte. Außerdem macht er sich Sorgen darüber, was seine Frau sagen wird, wenn sie nach Hause kommt, da er bei dem Sturz ihre Lieblingstasse kaputt gemacht hat. Der Junge geht wieder zu Bett. Und als der Vater mit den Kirschen ins Zimmer kommt, hat er die Decke bis über den Kopf gezogen.

Zu Beginn der Erzählung, als der kranke Junge das Geräusch hört, denkt der Sohn sofort, dass der Vater die Kirschen isst (Z. 1–3), die für ihn bestimmt waren. Vermutlich hat seine Mutter („sie", Z. 4) diese extra für ihn kalt gestellt. Daher ist er furchtbar enttäuscht und geht nachsehen. Er fühlt sich bestätigt, denn er sieht seinen Vater auf dem Boden sitzen. Dieser hat eine ganz rote Hand. Also schlussfolgert er in seinem Fieberwahn (Z. 30–31), dass es Kirschsaft sein müsse (Z. 11–12). Das Missverständnis klärt sich auch nicht auf, denn der Vater erklärt die Situation nicht. Er denkt bei Erscheinen des Sohnes in der Tür (Z. 28–29) nur daran, dass sein kranker Sohn eigentlich ins Bett gehört (Z. 30–32), und schickt ihn in sein Zimmer. Der Junge aber starrt nur auf die Hand des Vaters (Z. 11–12, Z. 33–35) und denkt an die Kirschen. So entsteht ein zweites Missverständnis, denn der Vater glaubt, der Junge habe erkannt, dass es sich um Blut handelt. Also erklärt er, wie es zu der Verletzung gekommen ist (Z. 57–60, Z. 64–66). Als er seinen Sohn erneut zu Bett schickt (Z. 84–85), geht der in sein Zimmer und steckt den Kopf unter die Bettdecke.

Die Gedanken des Sohnes werden deutlich, da sie in der Ich-Form wiedergegeben werden (z. B. Z. 14–16). Durch das personale Erzählverhalten kann der Leser nachvollziehen, was der Sohn denkt: „Jetzt isst er die Kirschen auf, die für mich sind." (Z. 1–3). Dabei denkt er nur an seine eigene Situation – vermutlich aufgrund seines Fieberwahns: „Der Kranke hielt sich an der Tür. Die bewegte sich leise hin und her von seinem Schwanken." (Z. 53–55). Daher traut er seinem Vater zu, dass dieser ihn hintergeht und die Kirschen, die für ihn bestimmt sind, einfach heimlich aufisst („Dabei sollte ich sie essen.", Z. 14–15). Durch den parataktischen Satzbau, Wiederholungen (z. B. Z. 13–14) und die Verwendung von Anaphern (z. B. Z. 22–23) wird die Konzentration des Jungen auf die Kirschen betont. Aufgrund dieser Erwartungshaltung deutet er auch den roten Saft auf der Hand des Vaters falsch. Dadurch, dass durch die Erzählweise nicht die Gedanken des Vaters deutlich werden, wird die Situation erst am Ende durch die wörtliche Rede des Vaters aufgelöst (Z. 57 und Z. 64–65), denn es handelt sich nicht um Kirschsaft, sondern um Blut, da dieser sich geschnitten hat.

Als der Vater ihm die Kirschen bringt (Z. 90–91), hat der Sohn den Kopf in seinem Bett „(…) tief unter die Decke gesteckt" (Z. 92). Dafür gibt es zwei Erklärungen. Einerseits könnte es sein, dass der Sohn so enttäuscht vom Vater ist, dass er ihn nicht sehen will. Andererseits, und das scheint mir wahrscheinlicher, schämt sich der Sohn vermutlich, dass er seinem Vater zugetraut hat, dass dieser ihn hintergeht, obwohl er sich eigentlich rührend um ihn bemüht. Denn auch als der Vater im Nebenraum gestürzt ist (Z. 1) und der Junge kommt, um nachzusehen (Z. 28), denkt der Vater zuallererst nur daran, dass sein Sohn aufgrund der Krankheit ins Bett gehört (Z. 30–32). Außerdem wird durch die Redeanteile deutlich, dass er freundlich mit ihm spricht und ihn anlächelt (Z. 48), obwohl er „hilflos" (Z. 47) auf dem Boden sitzt, nicht aufstehen kann (Z. 47–52) und Schmerzen hat. Die Erklärung zeigt, dass er seinem Sohn nur Gutes tun wollte: „Aus dem Glas trinkt es sich so schlecht …" (Z. 76–77). Außerdem denkt er an seine Frau, deren Lieblingstasse er zerbrochen hat („Hoffentlich schimpft sie nicht.", Z. 68–69). Nur an sich denkt er nicht, da er helfen will. Da das Ende aber offen ist, muss der Leser für sich selber eine Erklärung finden.

Text aus der Sicht des Vaters:

Oh nein, jetzt ist mir auch noch das Glas mit den gekühlten Kirschen zerbrochen. Sie liegen nun auf dem Boden und meine Hand ist voller Kirschsaft. Jetzt ist auch noch der Junge aufgestanden, dabei hat er doch Fieber. Sicher habe ich ihn durch den Lärm aufgeschreckt. Er muss wieder ins Bett, er soll sich keine Sorgen um mich machen. Nein, aufstehen kann ich nicht, vielleicht habe ich mich verletzt, als ich hinfiel. Ach, es wird sicher gleich wieder gehen. Aber der Junge muss dringend ins Bett, er ist doch krank. Er soll sich keine Sorgen machen, denn ich habe mich nur ein bisschen an den Scherben geschnitten. Aber für ihn sieht es sicher aus wie Blut. Beim Hinfallen ist mir die Tasse von Mutter kaputtgegangen, ausgerechnet ihre Lieblingstasse. Das tut mir so leid. Dabei wollte ich die nur ausspülen, weil unser Kranker besser den Kirschsaft daraus hätte trinken können. Nun ist sie zerbrochen. Der Junge muss nun aber wirklich schnell wieder ins Bett. Geh, Junge, und mach dir keine Sorgen um mich! Ich bin nicht schlimm verletzt. Ich bringe dir die Tasse mit den Kirschen gleich ans Bett, sobald ich hier hochgekommen bin. Bei deiner Mutter werde ich mich später entschuldigen. Ich komme gleich …

Wonach richtet sich die Note der Schreibaufgabe (Aufgabentyp 4a)?

1 Beurteile den Schüleraufsatz anhand des Bewertungsbogens.

Inhaltliche Leistung

Aufgabe	Anforderung	erfüllt	nicht erfüllt
	Der Prüfling …		
1 a)	schreibt eine Einleitung, in der er Titel, Autor, Textart sowie das Thema (*Missverständnis zwischen fieberkrankem Sohn und besorgtem Vater, das zur Scham des Sohnes führt*) benennt.		
1 b)	fasst den Text kurz zusammen (*fieberkranker Junge hört Geräusch zerbrechenden Glases; denkt, Vater würde die Kirschen essen, die für ihn bestimmt waren; sieht Vater am Boden liegen; meint, Blut sei Kirschsaft; Vater gibt erst spät eine Erklärung; Sohn geht in sein Zimmer und steckt den Kopf unter die Decke*).		
1 c)	stellt das Missverständnis zwischen Vater und Sohn dar, z. B.: • *Sohn: meint, Vater würde seine Kirschen essen; beurteilt Situation mit dieser Erwartungshaltung; denkt schlecht vom Vater …,* • *Vater: glaubt, Sohn würde die Situation richtig erfassen, gibt daher erst später eine Erklärung ab; interpretiert die Blicke seines Sohnes nicht richtig, erfasst dessen Gedanken zunächst nicht …*		
1 d)	untersucht, wie die Gedanken des Sohnes durch die formalen und sprachlichen Mittel deutlich gemacht werden, z. B.: • *Erzählverhalten: personal, Gedanken des Sohnes werden wiedergegeben, die des Vaters nicht, Leser kann Innensicht des Sohnes erfassen (Z. 1–7, Z. 13–27, …),* • *Wiederholungen: betonen die Sichtweise des Sohnes/Gedanken des Sohnes, verdeutlichen dessen Erwartungshaltung und Interpretationsweise (Z. 13–14, Z. 7 und 15–16, …),* • *Satzbau: parataktisch, Reduktion auf Wesentliches: Innensicht des Sohnes sowie sein Zustand (Fieberwahn) werden betont.*		
1 e)	erläutert, warum der Sohn am Ende „den Kopf tief unter die Decke“ (Z. 92) steckt, z. B. … • *dem Sohn sind sein Auftreten und sein Verhalten dem sich sorgenden Vater gegenüber peinlich; er empfindet Scham.* • *er bereut Gedanken, da Vater sich nur um ihn kümmern wollte und nicht an seine eigene Verletzung nach dem Sturz denkt.*		
1 f)	verfasst einen kurzen Text aus der Sicht des Vaters, in dem er dessen Gedanken darstellt, als sein Sohn nach Zerbrechen des Glases in die Küche kommt; erläutert außerdem den Grund, warum der Sohn wieder ins Bett gehen soll, und gibt an, welche weiteren Sorgen er sich macht (Ich-Form).		

Darstellungsleistung

Aufgabe	Anforderung	erfüllt	nicht erfüllt
	Der Prüfling …		
1	strukturiert seinen Text schlüssig und gedanklich klar.		
2	belegt seine Aussagen durch angemessenes/korrektes Zitieren.		
3	formuliert syntaktisch variabel (Satzbau).		
4	drückt sich präzise und differenziert aus.		
5	schreibt sprachlich richtig (Rechtschreibung, Zeichensetzung, Grammatik).		

B Arbeitstechniken

B 1 Im Wörterbuch nachschlagen

Das Wörterbuch ist für die Abschlussprüfung ein wichtiges Hilfsmittel:
- Du benötigst es zum Klären von unbekannten Wörtern.
- Du kannst nachschlagen, um die Rechtschreibung von Wörtern zu überprüfen. Das ist vor allem für die Überarbeitung eigener Texte wichtig.

1 Erkläre, welche Bedeutung die unterstrichenen Wörter im Textzusammenhang haben. Benutze dein Wörterbuch.

Millionen Menschen nutzen jede Gelegenheit, um zum Smartphone zu greifen. Nun zeigt eine Studie von Medienforschern, dass diese <u>exzessive</u> Nutzung große <u>Risiken</u> birgt. Besonders häufig chatten, posten und spielen die <u>Probanden</u> unter 25 Jahren. Die Angst, nicht alles von seinen Freunden mitzubekommen, führt zu <u>permanentem</u> Kommunikationsdruck und dazu, dass viele Menschen Hunderte Male am Tag auf ihr Mobiltelefon schauen oder selbst Kurznachrichten verbreiten.

exzessive Nutzung: ______________________

____

Risiken: ______________________

____

die **Probanden**: ______________________

____

permanentem Kommunikationsdruck: ______________________

____

TIPP

1. Bei Fremdwörtern gibt es oft mehrere Bedeutungen. Um die richtige Bedeutung herauszufinden, mache die **Ersatzprobe**: Setze jede angegebene Bedeutung im Text an die Stelle des Fremdwortes. Welche Bedeutung ist im Textzusammenhang sinnvoll? Prüfe und wähle aus.
2. Manche Wörter findet man nicht auf Anhieb im Wörterbuch, weil sie im Text in veränderter Form vorkommen. Gehe daher vor dem Nachschlagen so vor:
   - Bilde von gebeugten Verben die Grundform (den Infinitiv): *aß* → *essen*.
   - Bilde bei Nomen die Einzahl (Singular): *Kakteen* → *Kaktus*.
   - Schlage bei zusammengesetzten Wörtern erst unter dem ersten Wortteil nach. Wenn dort die Wortzusammensetzung nicht zu finden ist, musst du auch den zweiten Wortteil nachschlagen:
     - Reflexionsprozess:
       → *Reflexion* → *Prozess*.

2 In dem folgenden Text befinden sich sechs Rechtschreibfehler. Streiche falsch geschriebene Wörter durch und schreibe sie richtig auf.

Smartphones sind genial, weil ich damit mit meinen Freunden über Hausaufgaben und anstehende Klassenarbeiten diskutiren kann. Natürlich kommt an einem einziegen Tag eine riesige menge von Nachrichten zusammen, weil viele über flüssige und unwichtige Miteilungen geschrieben werden. Wenn ich mich durch mein Handy gestrest fühle, stelle ich einfach den Signalton aus.

TIPP

Alle wichtigen Rechtschreibregeln findest du auch noch einmal im Internet auf der Seite **www.finaleonline.de**.
Einfach deinen Abschluss und dein Bundesland eingeben und dann das kostenlose „EXTRA-Training Rechtschreibung“ herunterladen.
Neben den Regeln findest du dort auch noch weitere Übungen mit Lösungen.

B 2 Texte erschließen und Inhalte zusammenfassen – literarische Texte

1 Um einen literarischen Text zu erschließen, gehst du am besten schrittweise vor. Ein Lesefächer kann dir dabei helfen. Kopiere diese Seite, um einen Lesefächer anzulegen. Gehe dann folgendermaßen vor:
- Schneide die einzelnen Streifen aus und lege die Papierstreifen in der Reihenfolge der Schritte übereinander (den ersten Schritt nach oben). Loche sie an einem Ende.
- Hefte die Streifen mit einer Klammer oder binde sie mit einem Band zusammen.

2 Bearbeite mithilfe des Lesefächers den Text *„Streuselschnecke"* auf Seite 20.

○ **1. Schritt: Vermutungen äußern**
Stelle Vermutungen zum Inhalt an:
- Lies die Überschrift des Textes. Worum geht es wohl in der Erzählung?
- Gibt es zu dem Text eine Abbildung? Was ist darauf zu sehen?

Vor dem Lesen

○ **2. Schritt: Unbekannte Begriffe klären**
- Markiere mit einer Wellenlinie Begriffe und Textstellen, die du nicht verstehst.
- Erschließe ihre Bedeutung aus dem Satzzusammenhang, dem dazugehörigen Text oder durch Nachschlagen im Wörterbuch (siehe B 1, S. 18). Notiere die Bedeutung am Rand.

Während des Lesens

○ **3. Schritt: Schlüsselstellen markieren**
- Markiere **Schlüsselstellen**. Das sind die Textstellen, die Anworten auf folgende Fragen geben: *Wo und wann spielt die Erzählung? Welche Personen handeln dort? Worum geht es?*
- Halte am Rand **weitere Beobachtungen** fest: *Wie wirkt der Text auf dich (lustig, ernst, spannend ...)? Wer erzählt die Geschichte (siehe Glossar „Merkmale erzählender Texte", S. 133)? Welche sprachlichen Mittel werden verwendet (siehe S. 135)? Welche Wirkung entsteht durch den Satzbau?*

Während des Lesens

○ **4. Schritt: Wichtiges herausschreiben**
- Bilde **Sinnabschnitte**. Das sind Absätze, die inhaltlich eng zusammengehören. Ein neuer Sinnabschnitt beginnt, wenn z. B. eine neue Person auftritt oder ein wichtiges Ereignis geschieht. Du kannst dich auch an den vorhandenen Absätzen orientieren.
- Formuliere zu jedem Sinnabschnitt eine **Überschrift** (ein Stichwort oder einen kurzen Satz).
- Notiere zu jeder Überschrift stichwortartig den **Inhalt des Sinnabschnittes**. Orientiere dich dabei daran, welche Schlüsselstellen du markiert hast.

Nach dem Lesen

○ **5. Schritt: Inhalte zusammenfassen**
- Bilde aus den Stichpunkten zum Inhalt vollständige Sätze und verknüpfe sie miteinander. So erhältst du eine kurze Inhaltszusammenfassung des Textes.
- Bestimme die Textart (Erzählung, Kurzgeschichte, Roman, Jugendbuchauszug, Gedicht ...; siehe Glossar, S. 136).

Nach dem Lesen

Streuselschnecke (2000) *Julia Franck*

14-Jährige erhält Anruf von einem Fremden, will sie kennenlernen, findet ihn sympathisch

Ort: Berlin

Ich-Form, personales Erzählverhalten

Der Anruf kam, als ich vierzehn war. Ich wohnte seit einem Jahr nicht mehr bei meiner Mutter und meinen Schwestern, sondern bei Freunden in Berlin. Eine fremde Stimme meldete sich, der Mann nannte seinen Namen, sagte mir, er lebe in Berlin, und fragte, ob ich ihn kennenlernen wolle. Ich zögerte, ich war mir nicht sicher. Zwar hatte ich schon viel über solche Treffen gehört und mir oft vorgestellt, wie so etwas wäre, aber als es so weit war, empfand ich eher Unbehagen. Wir verabredeten uns. Er trug Jeans, Jacke und Hose. Ich hatte mich geschminkt. Er führte mich ins Café Richter am Hindemithplatz und wir gingen ins Kino, ein Film von Rohmer[1]. Unsympathisch war er nicht, eher schüchtern. Er nahm mich mit ins Restaurant und stellte mich seinen Freunden vor. Ein feines, ironisches Lächeln zog er zwischen sich und die anderen Menschen. Ich ahnte, was das Lächeln verriet.

besucht Mann öfter, bekommt aber kein Geld; hat keine Ansprüche, kennt ihn kaum

Einige Male durfte ich ihn bei seiner Arbeit besuchen. Er schrieb Drehbücher und führte Regie bei Filmen. Ich fragte mich, ob er mir Geld geben würde, wenn wir uns treffen, aber er gab mir keins, und ich traute mich nicht, danach zu fragen. Schlimm war das nicht, schließlich kannte ich ihn kaum, was sollte ich da schon verlangen? Außerdem konnte ich für mich selbst sorgen, ich ging zur Schule und putzen und arbeitete als Kindermädchen. Bald würde ich alt genug sein, um als Kellnerin zu arbeiten, und vielleicht wurde ja auch noch eines Tages etwas Richtiges aus mir.

Mann wird krank, bittet sie um Morphium; Mädchen kümmert sich nicht weiter

Zwei Jahre später, der Mann und ich waren uns noch immer etwas fremd, sagte er mir, er sei krank. Er starb ein Jahr lang, ich besuchte ihn im Krankenhaus und fragte, was er sich wünsche. Er sagte mir, er habe Angst vor dem Tod und wolle es so schnell wie möglich hinter sich bringen. Er fragte mich, ob ich ihm Morphium[2] besorgen könne. Ich dachte nach, ich hatte einige Freunde, die Drogen nahmen, aber keinen, der sich mit Morphium auskannte. Auch war ich mir nicht sicher, ob die im Krankenhaus herausfinden wollten und würden, woher es kam. Ich vergaß seine Bitte.

Manchmal brachte ich ihm Blumen. Er fragte nach dem Morphium, und ich fragte ihn, ob er sich Kuchen wünsche, schließlich wusste ich, wie gerne er Torte aß. Er sagte, die einfachen Dinge seien ihm jetzt die liebsten – er wolle nur Streuselschnecken, nichts sonst. Ich ging nach Hause und buk[3] Streuselschnecken, zwei Bleche voll. Sie waren noch warm, als ich sie ins Krankenhaus brachte. Er sagte, er hätte gerne mit mir gelebt, es zumindest gern versucht, er habe immer gedacht, dafür sei noch Zeit, eines Tages – aber jetzt sei es zu spät.

Kurz nach meinem siebzehnten Geburtstag war er tot. Meine kleine Schwester kam nach Berlin, wir gingen gemeinsam zur Beerdigung. Meine Mutter kam nicht. Ich nehme an, sie war mit anderem beschäftigt, außerdem hatte sie meinen Vater zu wenig gekannt und nicht geliebt.

1 **Rohmer:** Spielfilme von Rohmer thematisieren Beziehungen von Erwachsenen. Sie sind ohne Aktion; es wird viel gesprochen und diskutiert.

2 **Morphium:** Droge; eines der stärksten Schmerzmittel

3 **buk:** Präteritum von backen

aus: Julia Franck: Bauchlandung. Geschichten zum Anfassen. München. Deutscher Taschenbuch Verlag, 2002. © 2000 DuMont Buchverlag, Köln.

B 3 Texte erschließen und Inhalte zusammenfassen – Sachtexte

1 Um einen Sachtext zu erschließen, gehst du am besten schrittweise vor. Ein Lesefächer kann dir dabei helfen. Kopiere diese Seite, um einen Lesefächer anzulegen. Gehe dann folgendermaßen vor:
- Schneide die einzelnen Streifen aus und lege die Papierstreifen in der Reihenfolge der Schritte übereinander (den ersten Schritt nach oben). Loche sie an einem Ende.
- Hefte die Streifen mit einer Klammer oder binde sie mit einem Band zusammen.

2 Bearbeite mithilfe des Lesefächers den Text *„Was ist ein Blog und was macht ein Blogger eigentlich genau?“* auf Seite 22.

○ **1. Schritt: Vermutungen äußern**
Stelle Vermutungen zum Inhalt an:
– „Überfliege“ den Text: Wovon könnte der Sachtext handeln?
– Lies die Überschrift, die Zwischenüberschriften und betrachte die Abbildungen:
  - Notiere am Rand, was du bereits über das Thema weißt.
  - telle W-Fragen an den Text: Was ...? Wer ...? Warum ...? Wo ...? Wann ...?

Vor dem Lesen

○ **2. Schritt: Unbekannte Begriffe klären**
– Markiere mit einer Wellenlinie Begriffe und Textstellen, die du nicht verstehst.
– Erschließe ihre Bedeutung aus dem Satzzusammenhang, dem dazugehörigen Text oder durch Nachschlagen im Wörterbuch (siehe B 1, S. 18). Notiere die Bedeutung am Rand.

Während des Lesens

○ **3. Schritt: Schlüsselstellen markieren**
– Markiere **Schlüsselstellen**:
  - Textstellen, die Antworten auf die W-Fragen geben
  - Informationen, die du interessant findest
  - Wenn du die Aufgaben zum Text bereits gelesen hast, unterstreiche die Textstellen, die du zu deren Bearbeitung nutzen kannst.

Während des Lesens

○ **4. Schritt: Informationen entnehmen**
– Bilde **Sinnabschnitte**. Das sind Absätze, die inhaltlich eng zusammengehören. Du kannst dich auch an den vorhandenen Absätzen orientieren.
– Formuliere zu jedem Sinnabschnitt eine **Überschrift** (ein Stichwort oder einen kurzen Satz).
– Notiere zu jeder Überschrift stichwortartig den **Inhalt des Sinnabschnittes**. Orientiere dich dabei daran, welche Schlüsselstellen du markiert hast.

Nach dem Lesen

○ **5. Schritt: Inhalte zusammenfassen**
– Bilde aus den Stichpunkten zum Inhalt vollständige Sätze und verknüpfe sie miteinander. So erhältst du eine kurze Inhaltszusammenfassung des Textes.
– Bestimme die Textart (Reportage, Bericht, Interview ...; siehe Glossar, S. 136).

Nach dem Lesen

Was ist ein Blog und was macht ein Blogger eigentlich genau? *Andreas Meyhöfer*

Was? Weblog/Blog = Online-Tagebuch

[...] Das Weblog, das Blog oder mittlerweile laut Duden auch der Blog, ist aus dem Ursprung heraus nichts anderes als ein Online-Tagebuch. User[1], die das Internet früh für sich entdeckt hatten, stellten ihre Lebensereignisse online. Wofür einst das gute alte Tagebuch aus Papier herhalten durfte, wurde nun das World Wide Web als Medium genutzt. Das Kunstwort Weblog als Kurzform für World Wide Web & Logbuch entstand und die ersten Web-Logger, also Blogger, waren geboren.

Weblog: Kurzform für World Wide Web & Logbuch
Wer? Web-Logger/ Blogger

Mittlerweile ist das Medium Blog den Kinderschuhen entwachsen und schon lange kein reines Tagebuch mehr für persönliche Gedanken und Träume. Blogs entstehen aus den unterschiedlichsten Gründen, Zielsetzungen und mit den vielfältigsten Themen. Der Unterschied zwischen teilweise überladenen Webseiten und Blogs ist der einfache und schlichte Aufbau.

Was? Unterschied Webseite/Blog

[...] Reine Blogs bieten dem Leser eine sauber strukturierte Informationsquelle ohne viel Drumherum. In der Regel sind Blogbeiträge absteigend nach Datum aufgelistet und geben dem Blogleser eine genaue Übersicht über die Aktualität eines Beitrags. Dank Kategorien und Schlagwörtern können Blogleser schnell und einfach durch den Blog navigieren. Die entsprechende interne Verlinkung und Auflistungen aller Artikel, die einer Kategorie oder einem Schlagwort zugeordnet sind, tragen erheblich zur Nutzerfreundlichkeit bei. [...]

steuern

Die Faszination Blog hat weltweit mittlerweile viele Millionen Anhänger und täglich werden es mehr. Das Tolle an einem Blog ist, dass er dank der Kommentarfunktion ganz einfach zu einem regen Gedankenaustausch von Gleichgesinnten beitragen kann. [...] Möchte man einen eigenen Blog erstellen, findet man im Netz kostenlose Blogging-Dienste und kann so ohne finanziellen Aufwand und mit wenigen Klicks sofort loslegen. Für eine einfache und schnelle Einrichtung ist in der Regel keine Registrierung vonnöten, es reicht, einen Nickname sowie eine Mailadresse anzugeben.

Egal, ob jemand aus Spaß an der Freude im Hobbybereich bloggt oder seinen Lebensunterhalt damit bestreiten möchte, inzwischen ist alles möglich. Dabei gibt es zahlreiche unterschiedliche Blogthemen wie Fashionblogs, Kunstblogs, Newsblogs, Mikroblogs (wie z.B. Twitter), Wissenschaftsblogs und viele mehr. Die Liste lässt sich endlos verlängern. [...]

Vom Einzelkämpfer bis zu ganzen Gruppen gibt es Blogger, die einzelne Blogs oder gar Blognetzwerke betreiben. Der Blog ist global betrachtet weitaus mehr als nur ein Tagebuch oder eine Website, sondern ein Medium, das mitunter eine sehr große Meinungsmacht mit sich bringt. [...] Von professionellen Journalisten werden Blogger oft fachlich nicht ernst genommen, sei es wegen der fehlenden journalistischen Ausbildung oder einfach, weil man die neue Konkurrenz fürchtet. Zudem sind Blogger oftmals schneller und damit aktueller in ihrer Berichterstattung.

1 User: jemand, der einen Computer benutzt

https://blogsheet.info/blog-blogger-genau-erklaert-18677, Zugriff: 23.10.2017 (verändert)

B 4 Schaubilder und Grafiken auswerten

Häufig findest du in Prüfungsaufgaben auch Schaubilder, Infografiken sowie Diagramme oder Tabellen. Diese enthalten Zusammenfassungen von Daten, die nach bestimmten Gesichtspunkten geordnet sind. Im Bereich des Leseverstehens musst du z. B. überprüfen, ob die vorgegebenen Aussagen zu einem Schaubild oder einer Infografik richtig sind.

Beim Vergleich von Materialien (AT 4b) musst du feststellen, ob die dargestellten Informationen die Aussagen eines Textes bestätigen, ergänzen oder widerlegen. Beim Schreiben eines informierenden Textes (AT 2) musst du die Informationen zunächst ermitteln und dann sinnvoll in deinen Text integrieren.

1 Um ein Schaubild oder eine Infografik zu erschließen, gehst du am besten schrittweise vor. Ein Lesefächer kann dir dabei helfen. Kopiere diese Seite, um solch einen Lesefächer anzulegen. Gehe dann folgendermaßen vor:
- Schneide die einzelnen Streifen aus und lege sie in der Reihenfolge der Schritte übereinander (den ersten Schritt nach oben). Loche sie wie vorgegeben.
- Hefte die Streifen mit einer Klammer oder binde sie mit einem Band zusammen.

2 Bearbeite mithilfe des Lesefächers die Schaubilder A – C auf Seite 24. Nutze dazu auch die Infos zu den einzelnen Darstellungen. Arbeite dann mit den Aufgaben auf Seite 25 weiter.

○ **1. Schritt: Vermutungen äußern**
Stelle Vermutungen zum Inhalt an:
- „Überfliege" das Schaubild/die Grafik: Lies die Überschrift, die Beschriftungen und, falls vorhanden, die Legende: Welche Bedeutung haben Symbole und Farben? Worum könnte es gehen?
- Mache dir klar, welche Form der Darstellung gewählt wurde: Tabelle, Infodiagramm, Kreisdiagramm, Säulendiagramm, Balkendiagramm, Kurvendiagramm (Grafik, siehe Glossar, S. 131).

Vor dem Lesen

○ **2. Schritt: Unbekannte Begriffe klären**
- Markiere beim gründlichen Lesen mit einer Wellenlinie Begriffe, Ausdrücke, Abkürzungen, Symbole, Mengen- und Maßangaben, die du nicht kennst.
- Erschließe ihre Bedeutung aus der Legende, dem dazugehörigen Text, durch Nachschlagen im Wörterbuch, in Fachbüchern, im Internet oder aus dem Sinnzusammenhang und schreibe sie an den Rand.

Während des Lesens

○ **3. Schritt: Schlüsselstellen markieren**
- Markiere **Schlüsselstellen**: Das sind wichtige Begriffe, Auffälligkeiten, Extremwerte (besonders hoch oder niedrig ...) oder Entwicklungen.
- Halte wichtige Informationen am Rand fest, z. B. Überschrift, Thema, Bedeutung der grafischen Elemente (x- und y-Achse, verwendete Einheiten wie z.B. Prozent, Promille oder absolute Zahlen, angegebene Zeiträume, Farben, Textelemente ...).

Während des Lesens

○ **4. Schritt: Informationen entnehmen (aufgabenbezogen)**
Halte mithilfe deiner Markierungen und Randbemerkungen (aus Schritt 3) wichtige Informationen auf einem Notizzettel fest. Orientiere dich dazu an diesen Fragen:
- Was ist das **Thema**? Wer hat das Schaubild erstellt und wann (**Quelle**, **Erscheinungsjahr**)?
- Auf welchen **Zeitraum** beziehen sich die Daten?
- Welche **Werte** werden dargestellt (Achsen, Säulen, Tortenstücke, Kurven ...)? Was wird zueinander **in Beziehung gesetzt**? Welche Zahlen/Werte/Angaben, Aussagen, Entwicklungen ... sind **bemerkenswert**? Welche **Schlussfolgerungen** kannst du ziehen?

Nach dem Lesen

Schaubild A: Balkendiagramm
Medienbeschäftigung in der Freizeit

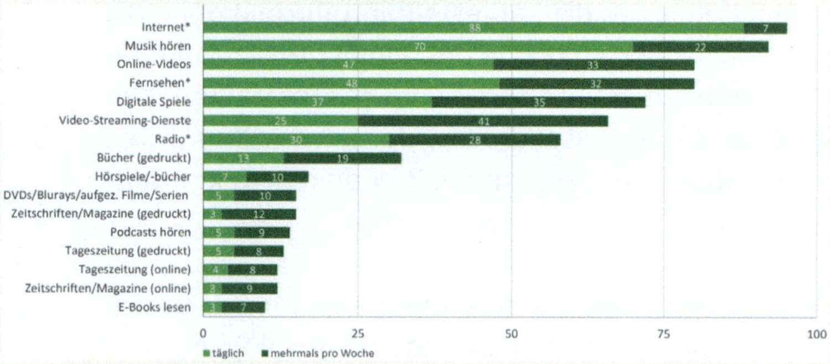

(Angaben in Prozent)
*egal über welchen Verbreitungsweg, **2020 nicht abgefragt
Basis: alle Befragten (Jugendliche im Alter von 12 bis 19 Jahren), n = 1200

JIM 2021, Medienpädagogischer Forschungsverbund Südwest

INFO

Balkendiagramme zeigen oft absolute Zahlen oder Prozentzahlen an. Die Länge des Balkens gibt die Anzahl an, die man meist auf der x-Achse ablesen kann. Neben der y-Achse wird angegeben, worauf sich die Balken beziehen.

AUFGABENSTELLUNG

1 Welches Medium wird von den Jugendlichen am häufigsten täglich genutzt?

2 Welche Medien sind bei der regelmäßigen Nutzung (mehrmals pro Woche) am beliebtesten?

Schaubild B: Kreisdiagramm
Familien mit minderjährigen Kindern nach Lebensformen

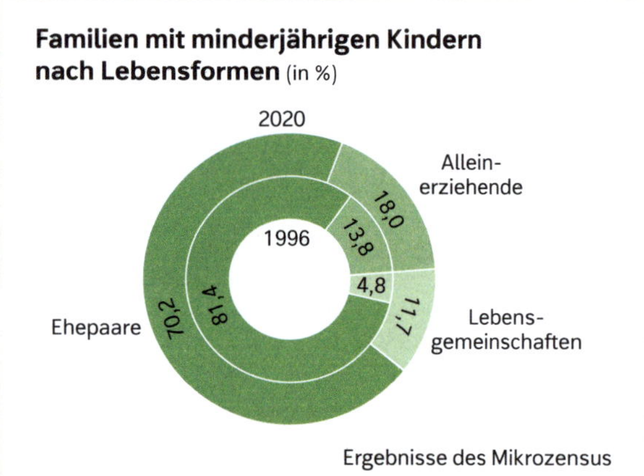

Quelle: Statistisches Bundesamt (Destatis), 2023

INFO

Kreisdiagramme zeigen die prozentuale Zusammensetzung einer Gesamtmenge. Dabei ist der Kreis in mehrere Teile unterteilt, die jeweils den Anteil an der Gesamtmenge wiedergeben.

AUFGABENSTELLUNG

1 Welche Lebensform hat von 1996 bis 2020 am meisten zugenommen?

2 Beschreibe die Entwicklung der verschiedenen Lebensformen von 1996 bis 2020.

Schaubild C: Kurvendiagramm
Gerätebesitz bei Kindern/Jugendlichen

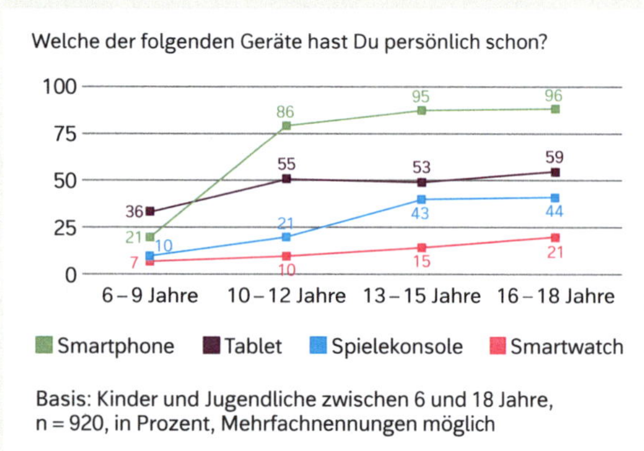

Quelle: Bitcom Research GmbH, 2022

INFO

Kurven- oder Liniendiagramme eignen sich dazu, Daten von verschiedenen Zeitpunkten grafisch vergleichend darzustellen.

AUFGABENSTELLUNG

1 Beschreibe die Entwicklung bezüglich des Gerätebesitzes von Kindern und Jugendlichen.

2 In welchem Alter steigt der Gerätebesitz unter Kindern bzw. Jugendlichen am stärksten an? Um welche Geräte handelt es sich dabei?

Schaubilder auswerten: Formulierungshilfen

1 a) Nachdem du die Schaubilder ausgewertet hast, fasse die wesentlichen Inhalte zusammen und beantworte in deinem Text die auf Seite 24 gestellten Fragen. Ergänze dazu die Lückentexte unten.
b) Sammle in einer Liste Formulierungshilfen, die du zum Beschreiben von Schaubildern nutzen kannst.

__Schaubild A:__ Das vorliegende ______________ stellt die „Medienbeschäftigung von Jugendlichen in der Freizeit" dar. Es wurde durch den ______________ ______________ im Jahre 2021 veröffentlicht. Dazu wurden ______________ Jugendliche befragt. Auf der x-Achse kann man die ______________ zu den Nennungen ablesen. Dabei stellen die hellgrünen Balken die ______________ dar, während die dunkelgrünen Balken die ______________ verdeutlichen. Das heißt, die Studie ermöglicht einen Vergleich zwischen täglicher und wöchentlicher Nutzung. Auf der y-Achse sind die ______________ aufgelistet, die Jugendliche nutzen. Die Auflistung beginnt mit dem am häufigsten genannten Medium und endet mit dem am wenigsten genannten. Bezüglich der täglichen Mediennutzung werden ______________ (94 Prozent), Musik hören (__________) und ______________ (__________) besonders häufig genannt. Beliebt sind außerdem ______________ (47 Prozent). Mindestens mehrmals pro Woche nutzen die Jugendlichen insbesondere ______________ (41 Prozent), gefolgt von digitalen Spielen (__________) und ______________ (__________). Zusammenfassend ist festzustellen, dass für viele Jugendliche das ______________ im Alltag mittlerweile eine große Bedeutung hat.

__Schaubild B:__ Das ______________ mit dem Titel „Familien mit minderjährigen Kindern nach Lebensformen", veröffentlicht im Jahre __________, befasst sich mit den unterschiedlichen ______________ unter Familien mit Kindern . Diese Aufschlüsselung wurde vom ______________ veröffentlicht. Das Schaubild besteht aus zwei ______________, die durch die Anordnung einander gegenübergestellt werden können. Der äußere Kreis enthält ______________-Angaben zum Jahr __________, während der ______________-Angaben zum Jahr __________ darstellt. Durch den Vergleich beider Angaben lässt sich ermitteln, dass sich im angegebenen Zeitraum, also von __________ bis __________, die Anzahl der Ehepaare von __________ auf __________ verringert hat. Demgegenüber hat der Anteil der Lebensgemeinschaften ______________, denn er ist von 4,8 % auf 11,7 % gestiegen. Gestiegen ist auch der Anteil der Alleinerziehenden (1996: 28 %, 2020: __________). Insgesamt lässt sich sagen, dass die Bedeutung der Ehe als Lebensform für Familien mit minderjährigen Kindern in dem betrachteten Zeitraum zugunsten der anderen Lebensformen an Bedeutung verloren hat.

__Schaubild C:__ Das ______________, das den Titel ______________ trägt, stellt die Entwicklung des Gerätebesitzes bei Kindern und Jugendlichen im Alter von 6 – 18 Jahren dar. Die Daten wurden erhoben durch die ______________. Auf der x-Achse sind die Altersangaben ablesbar, während auf der ______________ Angaben zu den Prozentzahlen gemacht werden. Verglichen wird dabei, wie viele Kinder in den Altergruppen 6 – 9 Jahre, 10 – 12 Jahre, ______________ oder 16 – 18 Jahre Geräte wie Smartphones, Tablets, ______________ und/oder Smartwatches besitzen. Dabei fällt auf, dass es im Alter von 10 – 12 Jahren zu einem „Technologiesprung" kommt, da der Gerätebesitz unter Kindern zu diesem Zeitpunkt sprunghaft______________. Besaßen im Alter von 6 – 9 Jahren nur ______________ der Kinder ein Smartphone, sind es im Alter von 10 – 12 Jahren bereits ______________. Auch der Besitz von Tablets steigt in diesem Alter recht stark an. Spielekonsolen haben im Alter von 6 – 9 und 10 – 12 Jahren nur relativ wenige Kinder (________ und ________ %), im Alter von 13 – 15 und 16 – 18 Jahren steigt der Anteil aber. Der Anteil von Kindern und Jugendlichen, die eine Smartwatch besitzen, ist im Vergleich zu den anderen Geräten insgesamt relativ______________.

C Strategien zur Bearbeitung von Schreibaufgaben

C 1 Aufgabentyp 2

C 1.1 Was bedeutet die Aufgabenstellung „Informiere ...“?

1 Die Aufgabenstellung stammt aus einer Prüfungsvorlage, in welcher ein informierenderText verfasst werden sollte. (ACHTUNG: Die zugehörigen Texte und Materialien findest du auf den Seiten 79 – 82.)

AUFGABENSTELLUNG Schreibaufgabe

An deiner Schule findet ein Projekttag zum Thema „Sprachenreichtum an unserer Schule“ statt. Zur Vorbereitung soll ein Ordner mit Informationen erstellt werden, der allen Schülerinnen und Schülern sowie Lehrkräften zur Verfügung steht. Du bist gebeten worden, für diesen Ordner einen informierenden Text zum Thema „Dialekte“ zu verfassen. Um deinen Text schreiben zu können, bekommst du eine Materialsammlung (M1 – M5).
Verfasse auf der Grundlage der Materialien M1 – M5 einen **informierenden Text** zum Thema „Dialekte“. Schreibe nicht einfach aus den Materialien ab, sondern achte auf eine eigenständige Darstellung in einem zusammenhängenden Text. Gehe dabei so vor:

a) Formuliere für den Text eine passende Überschrift.
b) Schreibe eine Einleitung, in der du kurz erklärst, was man unter einem Dialekt versteht.
c) Stelle dar, welche Vorteile es hat, wenn man einen Dialekt spricht.
d) Erläutere, welche unterschiedlichen Meinungen zum Thema „Dialekte“ geäußert werden.
e) Beurteile anhand der Materialien und eigener Überlegungen, warum es von Vorteil sein könnte, an Schulen eine Dialekt-AG einzurichten.

INFO zu 2

Um einen informierenden Text schreiben zu können, musst du dir Folgendes verdeutlichen:
- An welchen **Adressaten** richtest du dich?
- **Worüber** sollst du informieren (Situation/Thema)?
- Welches **Schreibziel** hast du?
- Welche **Informationen** aus dem vorgegebenen Material sind für deinen Text geeignet?

Orientiere dich sprachlich und inhaltlich an deinem Adressaten.

2 Die Aufgabenstellungen geben dir Hinweise zum Adressaten, der Situation bzw. dem Thema und dem Schreibziel. Markiere diese Stellen und notiere sie.

Adressat: ____________________

Situation/Thema: ____________________

Schreibziel: ____________________

3 In der Aufgabenstellung oben ist zum Teil schon unterstrichen worden, was von dir erwartet wird. Unterstreiche auch in den weiteren Aufgaben, was du tun sollst. Die Verben geben dir Hinweise.

INFO zu 3

verfassen/formulieren: einen Text schreiben
erklären: Textaussagen oder Sachverhalte auf der Basis von Kenntnissen und Einsichten darstellen
darstellen: Inhalte, Aussagen oder Zusammenhänge sachlich und strukturiert formulieren
erläutern: Sachverhalte oder Textaussagen veranschaulichen
beurteilen: auf der Grundlage gegebener Informationen zu eigenen Erkenntnissen gelangen

C 1.2 Einen informierenden Text verfassen – Fachwissen

Um einen **informierenden Text** schreiben zu können, musst du anhand der Aufgabenstellung zunächst ermitteln, wer dein(e) **Adressat(en)** ist/sind (Für wen schreibe ich?), in welcher **Situation** du schreibst (Was ist der Anlass?) und welches **Schreibziel** du verfolgst (Welche Funktion hat der Text?). Diese Informationen entnimmst du dem Vortext der Aufgabe. Sie geben dir Hinweise dazu, wie du formulieren musst:

Adressaten: *Schülerinnen und Schüler, Lehrerinnen und Lehrer, Eltern → höfliche und freundliche Ansprache*

Situation: *Schulfeier zur Namensgebung der Schule/Formulierung durch Mitglied der Schulzeitung → Personalpronomen (wir) und Possessivpronomen (unsere) verwenden, da Autor und Adressaten der Schulgemeinschaft angehören*

Schreibziel: *Informationen zur Namensgeberin Gudrun Pausewang → informativ, sachlich, anschaulich (vgl. Aufgabe **1**, Kapitel C 1.5, S. 31)*

Die **Gliederung** deines Informationstextes wird dir durch die Teilaufgaben vorgegeben. Abschließend nimmst du zumeist selber zu einer Aussage bzw. einem im Text dargestellten Sachverhalt Stellung:

- **Formuliere … Überschrift** → Thema und Situation beachten
- **Schreibe eine Einleitung …**
- **Stelle dar, …** } → Schwerpunkte der Aufgaben beachten
- **Erläutere …** }
- **Schlussfolgere …** } → ziehe auch Schlussfolgerungen, die nicht im Text stehen

Ziele des Textes (= Funktion)

- Information
- Unterhaltung

Schreibstil und Art der Informationen

- informativ
- beschreibend
- sachlich
- interessant
- anschaulich
- unterhaltsam

Beachte dabei:

✔ Wähle eine **Interesse weckende Überschrift**, die das Thema trifft.

✔ Formuliere **verständlich** (ggf. Fremdwörter erklären) und für die Adressaten angemessen.

✔ Schreibe nicht aus dem Text ab. **Zahlen**, **Daten**, **Namen** und **Fakten** solltest du aber **richtig übernehmen**.

✔ **Originaltöne** machen deinen Text anschaulich. Wenn du **wörtlich zitierst**, z. B. aus einem Interview, setze das Zitat in Anführungsstriche und gib Namen, Ort, Funktion und Erscheinungsjahr an. Auch beim **indirekten Zitieren** sind diese Angaben notwendig. Dann verwendest du den **Konjunktiv I**, um deutlich zu machen, dass du die Äußerungen einer anderen Person wiedergibst.

✔ Nenne im Text **keine Materialien**, denn deine Leser verfügen nicht darüber. Diese benennst du nur **kurz im letzten Satz**.

TIPP

- Weise bereits beim Lesen der Schreibaufgabe den einzelnen Teilaufgaben unterschiedliche Farben zu.
- Beim Erschließen des Textes markierst du in diesen Farben die Informationen, die du für die Bearbeitung der jeweiligen Teilaufgabe verwenden willst.

C 1.3 Einen informierenden Text verfassen

Hier erhältst du eine Übersicht über die **Vorgehensweise zur Bearbeitung der Schreibaufgabe zum Aufgabentyp 2**. Die farbig markierten Wörter (Arbeitstechniken, Operatoren, Fachbegriffe) kannst du im Glossar (ab S. 131) oder den Kapiteln C 1.1 (S. 26) und C 1.5 (ab S. 30) nachschlagen. Bei der Bearbeitung der Aufgabenstellungen in den Kapiteln D 3 – D 5 kannst du dich an der Übersicht orientieren.

Sechs Schritte zur Bearbeitung der Aufgabenstellung

1. Schritt: Sich orientieren
- Aufgabenstellung und Teilaufgaben lesen
- Adressaten ermitteln
- Situation/Thema erfassen
- Teilaufgaben und **Operatoren** erfassen
- Schreibziel erkennen (→ **informieren**)

↓

2. Schritt: Materialien erschließen und Inhalte erfassen
- Texte, **Grafiken**, Tabellen lesen
- unbekannte Begriffe und Ausdrücke klären (Wörterbuch, Sinnzusammenhang)
- **Schlüsselstellen** markieren und bewerten (mit Symbolen, Pfeilen)
- Stichpunkte in der Randspalte notieren

↓

3. Schritt: Schreibplan anlegen oder	farbige Markierungen und Randnotizen nutzen
– Tabelle anlegen (nach Teilaufgaben und Materialien gliedern)	– farbige Markierungen pro Teilaufgabe vornehmen – ggf. Stichpunkte zu den Teilaufgaben am Rand notieren

↓

4. Schritt: Materialien auswerten und Stichworte im Schreibplan festhalten
- Überschrift: Thema nennen, Interesse wecken
- Einleitung: ins Thema einführen, Vorgaben der Teilaufgaben **1** a) und **1** b) berücksichtigen
- Hauptteil: Teilaufgaben ab **1** c) berücksichtigen
- Schlussteil: Schlussfolgerungen zu den Aspekten der Teilaufgabe **1** e) ziehen
- ggf. Nummern der verwendeten Materialien im Schreibplan notieren

↓

5. Schritt: Informierenden Text schreiben

Inhalt:
- Überschrift formulieren
- zusammenhängenden Text verfassen
- schlüssige Reihenfolge beachten
- Adressaten berücksichtigen (sachlich, verständlich, anschaulich schreiben)
- inhaltliche Zusammenhänge richtig darstellen (Fakten, Zahlen, Fachbegriffe)

Darstellung:
- nach Teilaufgaben Absätze einfügen
- in eigenen Worten formulieren
- verwendete Materialien aufzählen

↓

6. Schritt: Text überarbeiten
- Interessante Überschrift?
- Alle Teilaufgaben berücksichtigt (→ **Operatoren**)?
- Informationen für die Adressaten nachvollziehbar und interessant formuliert?
- Informationen richtig dargestellt?
- Sinnvolle Gliederung des Textes?
- Vollständige Sätze?
- Im **Präsens** geschrieben?
- In eigenen Worten formuliert?
- **Rechtschreibung, Zeichensetzung, Grammatik** korrekt?

C 1.4 Schreibplan zu Aufgabentyp 2

Nutze diese Tabelle zur Planung deines informierenden Textes. Ergänze die Kategorien der Teilaufgaben und die Informationen aus den Materialien stichwortartig. Nutze für jedes Material eine Zeile. Überflüssige Zeilen bzw. Spalten streichst du.

Adressat: ______________________________

Situation / Thema: ______________________________

Schreibziel: ______________________________

Aufgaben/ Material	1 a) Überschrift	1 b) Einleitung	1 c)	1 d)	1 e)	Daran muss ich denken:
M1						
M2						
M3						
M4						
M5						
M6						
M7						

C 1.5 Schreibaufgabe in sechs Schritten bearbeiten: Die Autorin Gudrun Pausewang

Auf den folgenden Seiten lernst du die wichtigsten Arbeitsschritte zur Erarbeitung eines informierenden Textes kennen. Auf den Seiten 31 – 34 findest du die Materialien, mit dener Hilfe du diese Schritte üben kannst. Auch in der angeleiteten Prüfungsaufgabe (Teil D) wird auf diese grundlegenden Seiten verwiesen.

Erster Schritt: Sich orientieren

TIPP zum ersten Schritt

Stürze dich nicht gleich in die Arbeit, sondern verschaffe dir einen ersten Überblick:

1. Mache dir klar, was die Aufgabe von dir verlangt: Lies dazu die einzelnen Teilaufgaben und unterstreiche alle wichtigen Hinweise auf das, was du tun sollst. Die Verben sind zur besseren Orientierung fett gedruckt. Eine Erklärung der Verben findest du im Teil C 1.1 (S. 26).
2. Die Informationen zum Adressaten und zur Situation findest du im Vortext über der Aufgabe.

1 Lies die Aufgabenstellung in der Prüfungsvorlage (S. 31) „mit dem Stift". Markiere die Verben und die Schlüsselwörter.

2 Mache dir klar, in welcher Situation und an wen du schreibst:

Adressat: ______________________________

Situation/Thema: ______________________________

Schreibziel: ______________________________

3 Notiere stichpunktartig, was dir zu dem Thema „Gudrun Pausewang" einfällt. Wer ist Gudrun Pausewang? Wovon könnten die Materialien handeln?

____

____

____

____

____

Zweiter Schritt: Materialien erschließen und Inhalte erfassen

4 a) Erschließe die Materialien (Texte, Bilder, Tabellen) wie im TIPP zum zweiten Schritt dargestellt. Setze dazu die Bearbeitung fort.

b) Kennzeichne die Informationen (Schlüsselstellen), die du zur Erarbeitung der Teilaufgaben benötigst, durch Unterstreichungen und Randbemerkungen (z. B. Lebensdaten Gudrun Pausewangs, Werke ...). Markiere auch Besonderheiten, die dir auffallen. Verwende dazu für jede Teilaufgabe eine eigene Farbe.

TIPP zum zweiten Schritt

1. Markiere alle Textstellen, die dir unklar sind. Kläre unbekannte Ausdrücke aus dem Sinnzusammenhang oder schlage im Wörterbuch nach. Beachte auch die Worterklärungen unter dem Text.
2. Unterstreiche Schlüsselstellen im Text. Das sind Antworten auf die W-Fragen und Textstellen, die du zur Bearbeitung der Teilaufgaben heranziehen willst.
3. Kennzeichne mit Markierungen und Symbolen (!?) Textstellen, die für das Verständnis der Materialien wichtig sind. Verweise kannst du mit Pfeilen (➡) verdeutlichen.
4. Notiere zu jedem Abschnitt Stichpunkte zum Inhalt in der Randspalte .

Teil II

Deine Schule soll nach der Autorin Gudrun Pausewang benannt werden. Zur Namensgebung wird es eine große Feier geben, an der alle Schülerinnen und Schüler, Lehrkräfte und Eltern teilnehmen sollen. Damit alle für diesen Termin gut vorbereitet sind, bist du als Mitglied der Schulzeitung gebeten worden, einen Informationstext über Gudrun Pausewang zu schreiben. Um diesen Informationstext schreiben zu können, bekommst du eine Materialsammlung (M1 – M6).

Lies zunächst die Aufgabenstellung und dann die Materialien aufmerksam durch, bevor du mit dem Schreiben beginnst.

AUFGABENSTELLUNG Schreibaufgabe

1 **Verfasse** auf Grundlage der Materialien M1 bis M6 einen **informierenden Text** über Gudrun Pausewang. Schreibe nicht einfach aus den Materialien ab, sondern achte auf eine eigenständige Darstellung in einem zusammenhängenden Text. Gehe dabei so vor:

a) **Formuliere** für den Text eine passende Überschrift.
b) **Schreibe** eine Einleitung, in der du die Autorin Gudrun Pausewang kurz vorstellst *(persönliche Daten, Berufe, Wohnorte, Werke, Auszeichnungen)*.
c) **Erkläre**, welche Themen Gudrun Pausewang in ihren Kinder- und Jugendbüchern verarbeitet.
d) **Erläutere**, wie Gudrun Pausewang ihre Themenwahl mit der eigenen Lebenserfahrung und mit geschichtlichen Ereignissen verknüpft.
e) **Schlussfolgere** anhand der Materialien und eigener Überlegungen, warum Gudrun Pausewangs Bücher gerne von Jugendlichen gelesen werden.
f) **Notiere** unterhalb des Textes die Nummern der von dir genutzten Materialien.

M1 Lebensdaten von Gudrun Pausewang

Daten	03.03.1928 Wichstadtl (Böhmen, heute: Tschechien) – 23.01.2020 (nahe Bamberg)
Kindheit	– sehr naturverbunden: lebte auf einem Bauernhof, Anbau von Obst und Gemüse – älteste von fünf Geschwistern – mit 17 Jahren Flucht nach Westdeutschland (nach Kriegsende)
Ausbildung	– Abitur (1948), Lehramtsstudium, Grund- und Hauptschullehrerin in Wiesbaden (1951 – 1955), Studium der Germanistik in Mainz (1963) – 1998 Doktorexamen (Promotion): „Vergessene Jugendschriftsteller der Erich-Kästner[1]-Generation“
Berufstätigkeit	– ab 1956 Lehrerin an deutschen Schulen in Chile und Venezuela – 1963 Rückkehr nach Deutschland, Lehrerin in Mainz (Hessen) – ab 1968 Lehrerin an einer deutschen Schule in Kolumbien – 1972 Rückkehr nach Deutschland, Lehrerin in Schlitz (Hessen)
Werke	– Veröffentlichung von mehr als 90 Werken – seit Ende der 1950er-Jahre Schriftstellerin (Romane für Erwachsene, Kinder- und Jugendliteratur)
Auszeichnungen (Auszug)	– Buxtehuder Bulle für „Die Not der Familie Caldera“ (1977) – La vache qui lit für „Die letzten Kinder von Schewenborn“ (1983) – Deutscher Jugendliteraturpreis für „Die Wolke“ (1988) – Verleihung des Bundesverdienstkreuzes (1999) – Deutscher Jugendliteraturpreis für das Gesamtwerk (2017)

1 **Erich Kästner:** berühmter Schriftsteller (1899 – 1974)

M2 Auszug aus der Jurybegründung zum Deutschen Jugendliteraturpreis für das Gesamtwerk 2017

[…] In ihren Büchern setzt sie sich im Laufe der Jahrzehnte immer wieder von Neuem mit für sie wichtigen Themen auseinander: „Nie wieder Krieg. Nie wieder Diktatur. Elend in Südamerika. Schutz unserer Natur." – Mit diesen Worten fasst sie zusammen, was sie als Schriftstellerin bis heute antreibt: Verantwortung für Vergangenheit, Gegenwart und Zukunft.

Bekannt geworden ist Gudrun Pausewang vor allem durch ihre Texte, in denen sie sich gegen ökologische Bedrohungen einsetzt und vor den Gefahren der Kernenergie und den möglichen Folgen eines Nuklearkrieges warnt. Besonders hervorzuheben ist dabei ihr erfolgreichstes und wirkungsvollstes Buch Die Wolke (1987), übersetzt in 16 Sprachen und weltweit rezipiert[1]. Dieser Jugendroman wirkt literarisch auch deshalb so überzeugend, weil Gudrun Pausewang darin eine Blase der Zerstörung mit einer noch so gut wie unversehrten Umgebung konfrontiert und auf diese Weise verschiedene Erfahrungshorizonte und Lebenswelten aufeinanderprallen lässt. Eine solche Herangehensweise zeigt sich auch immer wieder in ihren Erzählungen mit lateinamerikanischen Schauplätzen, in denen sie auf soziale Ungerechtigkeiten und eingeschränkte Chancen von Kindern und Jugendlichen der Unterschicht hinweist, etwa in *Das Tor zum Garten der Zambranos* (1988). Positive Gegenentwürfe zu diesen kritisch-engagierten Texten gelingen ihr mit Erzählungen für jüngere Leser, die sich gegen soziale Vorurteile und gegen Rassismus wenden wie zuletzt *Der rote Wassermann* (2015). […]

1 **rezipiert:** den Inhalt übernehmen, hier: veröffentlicht

Arbeitskreis für Jugendliteratur e.V., München, 2017, https://www.jugendliteratur.org/person/gudrun-pausewang-597, Zugriff: 21.01.2021

M3 Meinung zum Buch „Die Wolke"

Spannende Pflichtlektüre für jeden Jugendlichen des 21. Jahrhunderts

Wie bereits viele RezensentInnen[1] vor mir kann ich bestätigen, dass die Thematik dieses Buches sehr erdrückend und furchtbar ist. Es handelt schließlich von unserer Realität, wir haben schließlich immer noch 6 laufende Kernkraftwerke …

Ich kann mich sehr gut daran erinnern, dass einige meiner Klassenkameraden dieses Buch schrecklich fanden, weil sie nicht mit dieser Thematik umgehen konnten. Doch genau das ist das, was bewirkt werden soll, wir als Leser müssen einer unglaublichen Gefahr ins Auge blicken, auch wenn es jetzt keinen Reaktorunfall, wie im Buch beschrieben in Deutschland gegeben hat, so ist doch die Gefahr trotzdem zum Greifen nahe.

Immer wieder stellte ich mir die Frage, wie hättest du gehandelt?

Das Buch hat sicher kein HappyEnd, aber das wird es ja auch in Realität nicht geben, sollte ein Reaktorunfall jemals stattfinden.

1 **der Rezensent:** jemand, der seine Meinung zu einem Buch äußert

hatschivy: https://www.lovelybooks.de/autor/Gudrun-Pausewang/Die-Wolke-144568800-w/ Zugriff: 21.01.2021

M4 Über Pausewangs Werke *Kirsti Kriegel*

Gudrun Pausewang gilt als eine der sozialkritischsten Autorinnen Deutschlands. Ihre Werke wurden über drei Millionen Mal verkauft, einige davon mehrfach ausgezeichnet und verfilmt.
In den ersten zehn Jahren als Schriftstellerin schrieb sie ausschließlich Bücher für Erwachsene. Sie handeln alle vom Leben in Südamerika, das die Autorin in vielen Jahren selbst kennengelernt hat.
In ihren Büchern für Kinder und Jugendliche schreibt sie sowohl über die Gegenwart als auch über Zeitgeschichte. Es geht darin häufig um verschiedene Probleme in Entwicklungs- und Schwellenländern, Nationalsozialismus, Rechtsradikalismus und Umweltzerstörung.
In Deutschland wurde Gudrun Pausewang durch die beiden Kinder- und Jugendbücher *Die Wolke* und *Die letzten Kinder von Schewenborn* sehr bekannt. Beide Bücher sind negative Utopien[1], die sich mit der atomaren Bedrohung auseinandersetzen.
In *Die Wolke* beschreibt Gudrun Pausewang die Erlebnisse eines Strahlenopfers nach dem atomaren Unfall in einem deutschen Kernkraftwerk. Den Hintergrund für diese Geschichte bildet der tatsächlich stattgefundene Reaktorunfall 1986 in Tschernobyl (Ukraine), an dessen Folgen viele Menschen starben oder sehr krank wurden. Auch die 14-jährige Janna-Berta verliert im Buch durch ein solches Unglück fast ihre ganze Familie. Sie muss nun mit vielen Problemen klarkommen und auch um das eigene Überleben kämpfen.
In *Die letzten Kinder von Schewenborn* denkt sich Pausewang ein ähnliches horrorhaftes Zukunftsszenario aus: Was wäre, wenn ein Atomkrieg ausbrechen würde? Pausewang beantwortet die Frage mit den Bildern von großer Zerstörung, vielen schwerkranken und dahinsiechenden Menschen. […]

1 **die Utopie:** eine Zukunftsfantasie

Rossipotti. Ein Literaturlexikon für Kinder. https://www.rossipotti.de/inhalt/literaturlexikon/autoren/pausewang_gudrun.html, Zugriff: 21.01.2021

M5 Nachruf zum Tod von Gudrun Pausewang

Gudrun Pausewang war nun so gar nicht der rechthaberische Typ. Im März 2011 aber, während der nuklearen Katastrophe im und beim japanischen Kernkraftwerk Fukushima Daiichi, kamen die Bilder, Szenarien und Ängste nicht nur vielen jüngeren Deutschen auch deshalb so entsetzlich bekannt vor, weil sie es in Pausewangs Roman „Die Wolke“ schon gelesen hatten. Sie selbst hatte Ende der achtziger Jahre, als sie ihr erfolgreichstes Buch schrieb – in viele Sprachen, auch ins Japanische übersetzt – natürlich Tschernobyl vor Augen gehabt. Und sagte 2011 der FR[1] im Interview: „Mir wäre es lieber gewesen, ich hätte mich geirrt. Aber wenn ich nicht sicher gewesen wäre, dass sich so eine Katastrophe früher oder später ereignen wird, hätte ich das Buch nicht geschrieben. Ich schreibe solche Bücher nicht mit dem Ziel, Angst und Schrecken zu verbreiten, was mir oft unterstellt wird.“
In der Tat. Dass Gudrun Pausewang – die übrigens immer klarstellte, dass zum Beispiel „Die Wolke“ kein Kinder-, sondern ein Jugendbuch sei – Teenagern schlimme und tragische Geschichten erzählte, spaltete die Erwachsenenwelt. Dabei ging es nicht nur um pädagogische Fragen, sondern auch darum, wie

M5

man selbst die Dinge wahrnahm, also etwa die Gefahren durch Atomkraft. So dass Pausewang, die Demonstrationen besuchte, aber kein offizielles Mitglied der Anti-Atomkraft-Bewegung war, ins ideologische Kreuzfeuer[2] geriet. Junge Leserinnen und Leser fühlten sich dagegen für voll genommen, einbezogen. Manchmal war es eine Überraschung, dass nicht alles gut ausging.

„In meiner Jugend", schrieb Pausewang in einem Gastbeitrag für den „Spiegel", „galt für Autoren von Kinderbüchern das ungeschriebene Gesetz: In Kinderbüchern muss die Welt ‚heil' sein. Die Guten mussten belohnt, die Bösen bestraft werden ..." Nun sei ihr selbst aber schon mit sieben oder acht Jahren klar gewesen, dass das nicht stimmte. „Und ich nahm mir vor: Sollte ich je Schriftstellerin werden, wollte ich meine Leser ernst nehmen, egal, ob sie 6, 16 oder 60 Jahre alt sind." Auch in Büchern, die eigentlich lustig oder wenigstens skurril[3] sind – „Neues vom Räuber Grapsch"! – machen Leute fatale Fehler. Und es wird wirklich gestorben. [...]

1 **FR:** die Zeitung Frankfurter Rundschau

2 **ideologisches Kreuzfeuer:** eine Weltanschauung, die zur Diskussion steht

3 **skurril:** merkwürdig

Gudrun Pausewang: Die Schriftstellerin einer unheilen Welt, Frankfurter Rundschau, 24.01.20
https://www.fr.de/kultur/theater/gudrun-pausewang-schriftstellerin-einer-unheilen-welt-13497875.html
Zugriff: 21.01.2021

M6 Die Autorin im Interview (2018) *Katrin Hörnlein*

DIE ZEIT: Frau Pausewang, glauben Sie, dass Bücher heute noch etwas verändern können?

Gudrun Pausewang: Ja! Und wie! Vorausgesetzt, dass es weiterhin Bücher gibt ...

ZEIT: Warum sollten Kinder lesen?

Pausewang: Um die Welt kennenzulernen. Mit all ihren Gefahren und Gegensätzen, aber auch mit ihrer heiteren Seite. Ich habe als Kind sehr abgeschieden gelebt, 1,5 Kilometer vom nächsten Dorf entfernt. Das meiste, was ich über die Welt wusste, wusste ich aus Büchern.

ZEIT: Es gibt derzeit viele Jugendromane zu aktuellen politischen Themen: Flucht, Rassismus, Klimawandel ...

Pausewang: Ich wünsche mir noch viel mehr Bücher über die Themen der Gegenwart. Sie müssen aber auch spannend sein und so geschrieben, dass sie von Kindern verstanden werden.

ZEIT: Sie selbst haben warnende Bücher verfasst: gegen den Krieg, für mehr Umweltschutz. Frustriert es Sie, dass diese Themen immer noch aktuell sind?

Pausewang: Der Mensch ist eben so. Er lernt zu langsam und ist unzuverlässig. Aber ich glaube, dass einige begriffen haben, dass wir uns ändern müssen, möglichst schnell.

ZEIT: Als Mädchen war Hitler für Sie eine Art Vorbild. Welche Verführungen sehen Sie für Kinder und Jugendliche heute?

Pausewang: Eine Bedrohung aus ungezügeltem Materialismus und Medienkonsum. Das betäubt uns, stumpft uns ab. [...]

„Der Mensch lernt zu langsam": Ein letztes Interview mit der Jugendbuchautorin Gudrun Pausewang, ZEIT online GmbH, 29.01.20, https://www.zeit.de/2020/06/gudrun-pausewang-jugendbuchautorin-buecher-kinder-lesen, Zugriff: 21.01.2021

Dritter Schritt: Schreibplan anlegen oder Markierungen und Randnotizen nutzen

INFO zum dritten Schritt

Die **Planung der Schreibaufgabe** hilft dir, die Materialien nach den Vorgaben der Teilaufgaben zu bearbeiten und deinen Text sinnvoll zu strukturieren. Entscheide, wie du vorgehen möchtest, um die Schreibaufgabe zu planen: Verwende einen Schreibplan (Tabelle) oder arbeite mit farbigen Markierungen und Randnotizen.

1. Nutze die Aufgabenstellung und deren Unterpunkte für deine Gliederung.
2. a) **Planung mit Schreibplan:** Lege in einem Schreibplan (Tabelle) die Gliederung deines Textes nach den Teilaufgaben (oberste Zeile) fest. In den senkrechten Spalten trägst du dazu passende Informationen aus den Materialien M1 – M6 ein. In die Spalte „Daran muss ich denken" trägst du ein, worauf du bei der anschließenden Verschriftlichung achten willst.
   b) **Planung anhand von Markierungen und Randnotizen:** Weise den einzelnen Teilaufgaben verschiedene Farben zu. Mit diesen Farben markierst du zugehörige Textstellen in den Materialien (siehe 2. Schritt, Aufgabe 4 b). Anschließend machst du direkt mit dem 5. Schritt weiter und schreibst deinen Text auf der Grundlage deiner farbigen Markierungen und Notizen.

5 Übertrage den folgenden Schreibplan auf eine DIN-A4-Seite. Lasse in den einzelnen Zeilen ausreichend Platz. Du kannst auch den vorbereiteten Schreibplan von Seite 29 kopieren (C 1.4).

Schreibplan
Adressat: *deine Mitschülerinnen und Mitschüler, Lehrkräfte, Eltern*
Situation/Thema: *Namensgebung der Schule/Autorin Gudrun Pausewang*
Schreibziel: *informierender Text über Gudrun Pausewang*

Aufgaben / Material	1 a) Überschrift	1 b) Einleitung	1 c) …	1 d) …	1 e) …	Daran muss ich denken:
M1		*– geb. 1928 (Wichstadtl) / gest. 2020 – Bauernhof – 4 Geschwister …*		*– hat in Südamerika gelebt*		*– Material sichten – wichtige Informationen zu den Teilaufgaben markieren – Randbemerkungen – Stichworte aus den Materialien in Schreibplan übertragen – …*
M2			*– Krieg, Diktatur, Elend in Südamerika, Naturschutz, Gefahr der Kernenergie, Folgen Nuklearkrieg*			
M3			*– …*			
M4						
M5						
M6						

Vierter Schritt: Materialien auswerten und Stichworte im Schreibplan festhalten

INFO zum vierten Schritt

Deine Schreibaufgabe besteht darin, in einem informierenden Text alle Teilaufgaben zusammenhängend zu bearbeiten:

a) Finde eine passende **Überschrift** (Teilaufgabe **1** a), die zum Lesen anregt (Adressatenbezug). Orientiere dich dabei an der Vorgabe des Themas.
b) In der **Einleitung** führst du in das Thema ein und machst kurz Angaben zu dem, was die Teilaufgabe fordert (Teilaufgabe **1** b).
c) Im **Hauptteil** erarbeitest du die Teilaufgaben **1** c) – d). Das sind Aufgaben zu inhaltlichen Aspekten (z. B. *Lebenserfahrungen*). Beachte dazu genau die Verben (z. B. *erklären, erläutern* ...) und die Schlüsselwörter in den Teilaufgaben (z. B. verarbeitete Themen ...).
d) Im **Schlussteil** ziehst du Schlüsse zu den genannten Aspekten der Teilaufgabe (Teilaufgabe **1** e), z. B. *Warum werden die Bücher von Jugendlichen gerne gelesen?*).
e) Abschließend nennst du in einem Satz noch die **Materialien**, die du verwendet hast (Aufgabe **1** f). Orientiere dich dazu an deiner Tabelle bzw. deinem Schreibplan oder an den von dir genutzten farbigen Markierungen.

6 Ergänze nun den Schreibplan stichwortartig.
Beginne mit der ersten Spalte zur Überschrift (**1** a).

7 Notiere in der zweiten Spalte Stichworte zur Einleitung (Teilaufgabe **1** b). Gehe dazu auf die vorgegebenen Aspekte in der Teilaufgabe (*persönliche Daten, Berufe, Wohnorte, Werke, Auszeichnungen*) ein.

8 Markiere in den Materialien, welche Themen Pausewang in ihren Büchern verarbeitet. Übertrage diese in Spalte 3 des Schreibplans.

9 Sammle Hinweise darauf, wie die Autorin ihre Lebenserfahrung und geschichtliche Ereignisse mit den Themen ihrer Bücher verknüpft. Notiere sie in Spalte 4.

10 Ziehe Schlüsse aus den Informationen, die du über die Autorin gesammelt hast. Notiere, warum ihre Bücher deiner Meinung nach gerne von Jugendlichen gelesen werden (**1** e). Ergänze die Ergebnisse in Spalte 5 des Schreibplans.

TIPP zum vierten Schritt

Hast du dich dazu entschieden, anstatt mit einem Schreibplan mit farbigen Markierungen zu den Teilaufgaben in den Materialien zu arbeiten? Dann überprüfe noch einmal, ob du zu allen Teilaufgaben ausreichende Informationen markiert hast.

TIPP zu **8** / **9** / **10**

Orientiere dich beim Festhalten der Notizen an den Verben (erkläre, ...) und am Wortlaut (Schlüsselwörter) der Teilaufgaben. So kannst du beim Ausformulieren der Ergebnisse Wiederholungen vermeiden. Achte darauf, dass du in mehreren Materialien Informationen zu einer Teilaufgabe finden kannst.

Fünfter Schritt: Einen informierenden Text schreiben

TIPP zum fünften Schritt

1. Schreibe deinen Text. Lasse einen **breiten Rand** an der Seite und unten, damit du Platz für die Überarbeitung und Ergänzungen hast.
2. Formuliere eine passende Überschrift (z.B. *Wissenswertes über Gudrun Pausewang*).
3. Bringe die Ergebnisse aus deinem **Schreibplan** bzw. **deine farbigen Markierungen als Alternative zum Schreibplan** in eine **schlüssige und zusammenhängende Reihenfolge**. Achte darauf, dass du die Stichpunkte/Informationen aus den verschiedenen Materialien miteinander verknüpfst. Orientiere dich an den Teilaufgaben. Setze nach jeder Teilaufgabe einen **Absatz**.

4. Berücksichtige beim Ausformulieren deines informierenden Textes den **Adressaten** (*deine Mitschülerinnen und Mitschüler, Lehrerinnen und Lehrer, Eltern*). Schreibe **sachlich**, **verständlich** und **anschaulich**: *Gudrun Pausewang wählte in ihren Büchern Themen, die für uns alle auch aktuell noch eine Bedeutung haben.*
5. Halte dich an die dargestellten Fakten und Zahlen. Verwende Fachbegriffe, erkläre aber auch Begriffe und Namen, die in der Alltagssprache nicht häufig vorkommen.
6. Formuliere **in eigenen Worten** und im **Präsens**.

---

11 Verfasse deinen informierenden Text auf einem Extrablatt. Orientiere dich am TIPP und nutze die Ergebnisse deiner Vorarbeit.

*Teilaufgabe **1** a): Gudrun Pausewang - Eine verdiente Namensgeberin …*

*Teilaufgabe **1** b): Unsere Schule soll nun nach der Autorin Gudrun Pausewang benannt werden. Deshalb sollen alle Beteiligten genau wissen, wer Gudrun Pausewang eigentlich war. Die Autorin wurde 1928 in … geboren und …*

*Teilaufgabe **1** c): Pausewangs Bücher sind sicher deshalb so beliebt, weil sie darin Themen aufgreift, die für uns alle eine große Bedeutung haben und mit denen sich viele identifizieren können, z. B. …*

*Teilaufgabe **1** d): Wenn man die Themen von Gudrun Pausewangs Büchern genauer betrachtet, kann man feststellen, dass sie ihre eigenen Lebenserfahrungen sowie reale geschichtliche Ereignisse darin verknüpft, denn …*

*Teilaufgabe **1** e): Für Gudrun Pausewang sind wir Jugendlichen und Kinder eine wichtige Lesergruppe, …*

*Teilaufgabe **1** f): Ich habe für meinen Text Informationen aus den Materialien … genutzt.*

Sechster Schritt: Text überarbeiten

12 Überarbeite deinen informierenden Text. Verwende dazu die CHECKLISTE.

CHECKLISTE zur Überarbeitung von Texten (Aufgabentyp 2)

1. Den Text inhaltlich überprüfen (Inhaltsleistung)
- ✓ Hast du eine interessante Überschrift gewählt?
- ✓ Hast du in deinem Text alle Ergebnisse aus deiner Vorarbeit berücksichtigt und dich an den Teilaufgaben orientiert?
- ✓ Sind deine Informationen für den Leser nachvollziehbar und interessant formuliert?
- ✓ Wurden die Informationen (Aussagen, Fakten, Zahlen) richtig aus den Materialien übernommen?
- ✓ Wurden nachvollziehbare Schlussfolgerungen gezogen, die sich sinnvoll aus den Materialien ergeben?
- ✓ Hast du die Nummern der von dir genutzten Materialien notiert?

2. Den Text sprachlich überprüfen (Darstellungsleistung)
- ✓ Hast du den Text sinnvoll gegliedert? Ist er durch Absätze überschaubar gestaltet?
- ✓ Hast du unnötige Wiederholungen und unklare Formulierungen vermieden?
- ✓ Sind deine Sätze vollständig?
- ✓ Kannst du komplizierte Sätze vereinfachen?
- ✓ Hast du Zusammenhänge durch sinnvolle Satzverknüpfungen verdeutlicht?
- ✓ Hast du im Präsens geschrieben?
- ✓ Überprüfe auch Rechtschreibung, Zeichensetzung und Grammatik, denn sie fließen in die Bewertung ein und können den Lesefluss beeinträchtigen. Kontrolliere deinen Text mehrfach und berücksichtige deine persönlichen Fehlerschwerpunkte.

C 2 Aufgabentyp 4a

C 2.1 Was wird bei der Aufgabenstellung „Analysiere …“ erwartet?

1 Die Aufgabenstellung unten stammt aus einer Prüfungsvorlage, in welcher ein analysierender Text verfasst werden sollte. Lies die Aufgaben. (ACHTUNG: Den zugehörigen Text findest du auf den Seiten 102 bis 104.)

AUFGABENSTELLUNG Schreibaufgabe

Analysiere den Textauszug aus dem Roman „Der Sommer meiner Mutter“ von Ulrich Woelk.
Gehe dabei so vor:

- Schreibe eine Einleitung, in der du Textsorte, Titel, Autor und Erscheinungsjahr benennst sowie das Thema formulierst.
- Fasse den Text kurz zusammen.
- Stelle dar, welchen Stellenwert eine Jeans für Tobias und andere Jugendliche seiner Generation hat.
- Untersuche, wie durch sprachliche Mittel deutlich wird, wie beeindruckt Tobias von dem „Jeans Store“ und dem dortigen Angebot ist (Z. 6–26) (*mögliche Aspekte: Satzbau, stilistische Mittel, Wortwahl*).
- Erläutere, wie Tobias seine Mutter sowie deren Kleidungsstil bisher wahrgenommen hat und wie er auf ihren Wunsch, eine Jeans zu kaufen, reagiert.
- Setze dich im Schlussteil mit der folgenden Aussage einer Schülerin kritisch auseinander: *„Tobias sollte sich darüber freuen, dass seine Mutter seinen Geschmack in Sachen Mode teilt.“*
  - Nimm Stellung zu der Aussage.
  - Begründe deine Meinung.
  - Belege deine Ausführungen am Text.

INFO zu 2

benennen: Informationen zusammentragen
zusammenfassen: Inhalte/Textaussagen in eigenen Worten wiedergeben
darstellen: Inhalte, Aussagen oder Zusammenhänge sachlich und strukturiert formulieren
untersuchen: an Texten, Textaussagen, Problemstellungen, Sachverhalten kriterienorientiert bzw. fragengeleitet arbeiten
erläutern: Textaussagen, Sachverhalte auf der Basis von Kenntnissen und Einsichten darstellen und durch Informationen und Beispiele veranschaulichen
Stellung nehmen: eine Problemstellung bzw. einen Sachverhalt auf der Grundlage von Kenntnissen, Einsichten und Erfahrungen kritisch prüfen und die Einschätzung sorgfältig abwägend formulieren
begründen: eigene Aussagen erklären, z. B. durch Konjunktionen einleiten
belegen: Aussagen anhand von Beispielen aus dem Text verdeutlichen

2 In der Aufgabenstellung oben ist zum Teil schon unterstrichen worden, was du tun sollst. Unterstreiche dies auch in den weiteren Aufgaben. Die Operatoren geben dir Hinweise. Lies dazu die Info rechts. Sie erklärt, was unter den Arbeitsanweisungen genau zu verstehen ist.

3 a) Lies die Aufgabenstellungen oben erneut gründlich.
b) Woran erkennst du an der Aufgabenstellung f), dass du dich auf den Text beziehen musst?
c) Woran erkennst du, dass du in der Aufgabenstellung auch bewerten musst?

INFO zu 3

Um einen erzählenden Text zu verstehen, musst du ihn ***analysieren***:
- Wo und wann spielt die Handlung?
- Welche Personen sind wichtig?
- In welchem Verhältnis stehen die Personen zueinander?
- Wie ist die Handlung aufgebaut?
- Wie wird erzählt (Erzählverhalten)?
- Welche sprachlichen Besonderheiten fallen auf? welche Funktion haben sie?
- Um welche Textsorte handelt es sich?

Zur Analyse gehört auch die ***Deutung***.
Dazu beantwortest du folgende Fragen:
- Welche Wirkung hat der Text auf die Leser?
- Mit welcher Absicht wurde er geschrieben?
- Welches Problem macht der Text deutlich?

C 2.2 Einen epischen Text analysieren – Fachwissen

Bei der Analyse eines epischen (= erzählenden) Textes (z. B. Romanauszug, Erzählung, Satire …) musst du nach der Vorstellung (TATTE-Satz) und der Zusammenfassung des Inhalts auch Aufgaben zu Inhalt und **Erzählweise** bearbeiten. Dadurch ermittelst du die Wirkung des Textes auf den Leser sowie die Textaussage (= Funktion). Anschließend nimmst du zu einer Aussage bzw. einem Zitat Stellung oder schreibst aus der Perspektive einer Figur.
Zur Analyse der **Erzählweise** werden dir in der Aufgabe Schwerpunkte (= mögliche Aspekte) vorgegeben. Diese solltest du auf jeden Fall untersuchen, du kannst aber auch auf weitere formale Merkmale eingehen: *Erläutere, warum diese Freundschaft Therese schließlich in einen inneren Konflikt stürzt (Z. 86 – 96). Untersuche dazu, wie die Autorin diesen Konflikt durch die **formale und sprachliche Gestaltung** verdeutlicht (mögliche Aspekte: **Erzählform, Erzählverhalten, Satzbau**).* (vgl. dazu Teilaufgabe **1** e), S. 44)

Erzählweise (Form/Sprache)

- sprachliche Gestaltung
  - Wortwahl
    - Wortarten:
      - Adjektive
      - Nomen
      - Pronomen
      - Verben
      - …
    - Stil:
      - einfache Sprache
      - gehobene Sprache
      - Verbalstil
      - Nominalstil
      - …
  - Satzbau
    - Ellipse
    - Parataxe
    - Hypotaxe
  - sprachliche Mittel
    - Alliteration
    - Anapher
    - Euphemismus
    - Hyperbel
    - Ironie
    - Klimax
    - Metapher
    - Neologismus
    - Oxymoron
    - Paradoxon
    - Parallelismus
    - Personifikation
    - rhetorische Frage
    - Vergleich
    - Wiederholung
    - …
- Erzählform
  - Ich-Erzähler
  - Er-Form/Sie-Form
- Erzählverhalten
  - neutral
  - personal
  - auktorial
- Redeformen
  - direkte Rede
  - indirekte Rede
  - erlebte Rede
  - innerer Monolog
  - …
- Zeitverhältnisse
  - Zeitdehnung
  - Zeitraffung
  - Zeitdeckung
  - Zeitsprung
- Handlungsstruktur
  - einlinig/chronologisch
  - Rückblick
  - Vorausdeutung

TIPP

– Schreibe dir bereits beim ersten Lesen des Textes Beobachtungen an den Textrand. Notiere auch, wie die Form des Textes auf den Leser wirkt.
– Markiere Zitate, die du als Textbelege in deiner Analyse verwenden willst.

Die Definition einzelner Begriffe kannst du im Glossar (S. 131 – 136) nachschlagen.

C 2.3 Einen lyrischen Text analysieren – Fachwissen

Bei der Analyse eines lyrischen Textes (z. B. Gedicht, Lied ...) musst du nach der Vorstellung (TATTE-Satz) und der Zusammenfassung des Inhalts auch Aufgaben zu Inhalt und **Form** bearbeiten. Dadurch ermittelst du die Wirkung des Textes auf den Leser sowie die Textaussage (= Funktion). Anschließend nimmst du zu einer Aussage bzw. einem Zitat Stellung oder schreibst aus der Perspektive einer Figur.
Zur Analyse der **Form** werden dir in der Aufgabe Schwerpunkte (= mögliche Aspekte) vorgegeben. Diese solltest du auf jeden Fall untersuchen, du kannst aber auch auf weitere formale Merkmale eingehen: *Erläutere, wie die Einstellung des lyrischen Ich durch* ***sprachliche Mittel (mögliche Aspekte: Wortwahl, sprachliche Bilder)*** *deutlich gemacht wird.*
(vgl. dazu Teilaufgabe **1** d), S. 53)

Form/Sprache

- **sprachliche Gestaltung**
  - **Wortwahl**
    - **Wortarten:**
      - Adjektive
      - Nomen
      - Pronomen
      - Verben
      - ...
    - **Stil:**
      - einfache Sprache
      - gehobene Sprache
      - emotional
      - aufzählend
      - ...
  - **Satzbau**
    - Ellipse
    - Parataxe
    - Hypotaxe
    - Ausruf
    - Fragesatz
    - wörtliche Rede
    - ...
  - **sprachliche Mittel**
    - Akkumulation
    - Alliteration
    - Anapher
    - Antithese
    - Euphemismus
    - Farbsymbolik
    - Hyperbel
    - Ironie
    - Klimax
    - Lautmalerei
    - Metapher
    - Neologismus
    - Oxymoron
    - Paradoxon
    - Parallelismus
    - Personifikation
    - rhetorische Frage
    - Vergleich
    - Wiederholung
    - ...
- **lyrischer Sprecher**
  - lyrisches Ich
  - gestaltlos
  - Rollenfigur
- **Aufbau**
  - Strophe
    - Vers
      - Enjambement
  - Reimschema
    - dreifache Reimreihe (abcabc)
    - Haufenreim (aaabbb)
    - Kehrreim (ähnl. Refrain)
    - Kreuzreim (abab)
    - Paarreim (aabb)
    - Schweifreim (aabccb)
    - umarmender Reim (abba)
    - unreiner Reim
- **Metrum**
  - Jambus (xx́)
  - Trochäus (x́x)
  - Anapäst (xxx́)
  - Daktylus (x́xx)

TIPP

- Schreibe dir bereits beim ersten Lesen des Textes Beobachtungen an den Textrand. Notiere auch, wie die Form des Textes auf den Leser wirkt.
- Markiere Zitate, die du als Textbelege in deiner Analyse verwenden willst.

Die Definition einzelner Begriffe kannst du im Glossar (S. 131–136) nachschlagen.

C 2.4 Einen Text analysieren und interpretieren

Hier erhältst du eine Übersicht zur **Vorgehensweise bei der Bearbeitung der Schreibaufgabe zum Aufgabentyp 4a**. Die blau markierten Wörter (Arbeitstechniken, Operatoren, Fachbegriffe) kannst du im Glossar (ab S. 131) oder in den Kapiteln C 2.1 (S. 38) und C 2.6 bzw. C 2.7 (ab S. 43 bzw. S. 52) nachschlagen. Bei der Bearbeitung der Aufgabenstellungen in den Kapiteln E 3 – E 5 kannst du dich an dieser Übersicht orientieren.

Sechs Schritte zur Bearbeitung der Aufgabenstellung

1. Schritt: Sich orientieren
- Aufgabenstellung und Teilaufgaben lesen
- Teilaufgaben und **Operatoren** erfassen
- Schreibziel erkennen (→ **analysieren**)

↓

2. Schritt: Text erschließen und Inhalt erfassen
- Text lesen, unbekannte Begriffe klären
- **Schlüsselwörter** und **-stellen** markieren
- Sinnabschnitte bilden und Zwischenüberschriften formulieren
- Stichworte zum Inhalt machen
- Beobachtungen zu den formalen und sprachlichen Merkmalen der Textart (**episch, lyrisch, dramatisch** oder **Sachtext**) notieren und deren Wirkungsweise festhalten

↓

3. Schritt: Schreibplan anlegen **oder**	**farbige Markierungen und Randnotizen nutzen**
– Tabelle anlegen (nach Teilaufgaben und Materialien gliedern)	– farbige Markierungen pro Teilaufgabe vornehmen – ggf. Stichpunkte zu den Teilaufgaben am Rand notieren

↓

4. Schritt: Text untersuchen und Stichworte zu den Teilaufgaben im Schreibplan festhalten
- Informationen für die Einleitung notieren: **T**itel, **A**utor, **T**extart, **E**rscheinungsjahr und **T**hema (= **TATTE-Satz**)
- Inhalt **zusammenfassen**, Handlung stichpunktartig notieren
- **Aufgaben zu Inhalt und Form** stichpunktartig bearbeiten und passende Textbelege notieren
- zu einer Aussage oder einem Zitat **Stellung nehmen** oder **einen Text aus Sicht einer Figur verfassen**

↓

5. Schritt: Text schreiben/Analyse verfassen

Inhalt:
- zusammenhängenden Text verfassen
- Einleitung formulieren
- Inhalt mit eigenen Worten zusammenfassen
- Zusammenhang zwischen Inhalt und Form aufgabengeleitet darstellen, Fazit ziehen
- zu einer Aussage/einem Zitat Stellung nehmen oder einen Text aus Sicht einer Figur verfassen

Darstellung:
- **Präsens** verwenden (bei Vorzeitigkeit: **Perfekt**)
- Beobachtungen belegen, **Zitiertechniken** beachten
- nach Teilaufgaben Absätze einfügen
- Überleitungen formulieren
- in eigenen Worten formulieren

↓

6. Schritt: Text überarbeiten
- Einleitung vollständig?
- Inhalt richtig und mit eigenen Worten zusammengefasst?
- Alle Teilaufgaben berücksichtigt (→ **Operatoren**)?
- Stellungnahme auf das Zitat/die Aussage abgestimmt oder Text aus Sicht einer Figur verfasst?
- Im **Präsens** geschrieben?
- **Rechtschreibung, Zeichensetzung, Grammatik** korrekt?

C 2.5 Schreibplan zu Aufgabentyp 4a

Nutze diesen Schreibplan zur Planung deines analysierenden Textes. Ergänze in der linken Spalte die Operatoren und Schlüsselwörter aus den Teilaufgaben und notiere in der rechten Spalte stichwortartig deine Ergebnisse mit passenden Textbelegen. Überflüssige Zeilen streichst du.

Teilaufgabe zu 1	Stichworte zur Bearbeitung
a) Einleitung: TATTE-Satz	*Titel:* ___ *Autor:* ___ *Textart:* ___ *Erscheinungsjahr:* ___ *Thema:* ___ ___
b) Inhalt zusammenfassen	
c) Aufgabe zu Form und/oder Inhalt	
d) Aufgabe zu Form und/oder Inhalt	
e) Aufgabe zu Form und/oder Inhalt	
f) Stellungnahme <u>oder</u> Text aus Sicht einer Figur	

C 2.6 Schreibaufgabe (erzählender Text) in sechs Schritten bearbeiten: Der Freund

Auf den folgenden Seiten werden die wichtigsten Arbeitsschritte für das Lesen und Erschließen eines erzählenden Textes und die Schritte für die Bearbeitung der Prüfungsaufgaben dargestellt. Auf den Seiten 44 – 46 findest du den erzählenden Text, mit dem du diese Schritte üben kannst. Auch in der angeleiteten Prüfungsaufgabe zum Thema „Eine Frage der Beziehung" (Teil E) wird auf diese grundlegenden Seiten verwiesen.

Erster Schritt: Sich orientieren

TIPP zum ersten Schritt

Stürze dich nicht gleich in die Arbeit, sondern verschaffe dir eine erste Orientierung:
1. Mache dir klar, was die Aufgabe von dir verlangt. Lies dazu die einzelnen Teilaufgaben und unterstreiche alle wichtigen Hinweise auf das, was du tun sollst. So erhältst du oft schon Anhaltspunkte, worauf du beim Lesen und Erschließen des Textes achten musst.
2. Worum geht es in dem Text? Was verrät dir die Überschrift?

1 Lies die Aufgabenstellung in der Prüfungsvorlage (S. 44) „mit dem Stift".
Markiere die Verben und die Schlüsselwörter.

2 Gib mit eigenen Worten wieder, was du tun sollst. Beachte die Reihenfolge der einzelnen Schritte.

____

____

3 Notiere stichpunktartig, was dir zu dem Titel „Der Freund" einfällt. Um welches Thema könnte es gehen? Wovon könnte der Text handeln?

____

____

____

Zweiter Schritt: Text erschließen und Inhalt erfassen

4 a) Erschließe den Text wie im TIPP zum zweiten Schritt dargestellt. Setze dazu die Bearbeitung fort.
b) Kennzeichne durch Unterstreichungen und Randbemerkungen Besonderheiten, die dir auffallen (z. B. zu Satzbau, sprachlichen Gestaltungsmitteln, Erzählform und -verhalten).

5 Worum geht es im Text? Formuliere Stichworte zum Thema.

– Beziehung zwischen zwei Jugendlichen mit unterschiedlichen Wertvorstellungen und …

____

____

TIPP zum zweiten Schritt

1. Markiere alle Textstellen, die dir unklar sind. Kläre unbekannte Ausdrücke aus dem Sinnzusammenhang oder mithilfe des Wörterbuchs. Beachte auch die Worterklärungen unter dem Text.
2. Unterstreiche Schlüsselstellen im Text. Das sind Antworten auf die W-Fragen und Textstellen, die du zur Bearbeitung der Teilaufgaben heranziehen willst.
3. Bilde Sinnabschnitte und notiere dazu jeweils eine Überschrift.
4. Notiere zu jedem Abschnitt Stichpunkte zum Inhalt.
5. Bestimme die Textart.

Teil II

AUFGABENSTELLUNG Schreibaufgabe

1 **Analysiere** den Text „Der Freund“ von Gina Ruck-Pauquèt. Gehe dabei so vor:

a) **Schreibe** eine Einleitung, in der du Titel und Autor **benennst** und das Thema **formulierst**.
b) **Fasse** den Text **zusammen**.
c) **Stelle dar**, was das Besondere an der Beziehung zwischen Therese und Bull ist.
d) **Erkläre**, warum Therese zu Hause nichts von Bull erzählt.
e) **Erläutere**, warum diese Freundschaft Therese schließlich in einen inneren Konflikt stürzt (Z. 84 – 94). **Untersuche** dazu, wie die Autorin diesen Konflikt durch die formale und sprachliche Gestaltung verdeutlicht *(mögliche Aspekte: Erzählform, Erzählverhalten, Satzbau)*.
f) **Verfasse** einen kurzen Text aus der Sicht von Therese.
- Warum findet Therese Bull zunächst interessant?
- Wie reagiert sie auf seine Lügen?
- Warum ist sie während des Besuches bei ihrer Lehrerin traurig?

Schreibe in der Ich-Form und berücksichtige die Informationen, die die Erzählung gibt.

Der Freund (1987) *Gina Ruck-Pauquèt*

Bull und Therese sind befreundet, obwohl sie unterschiedlich sind

Er war älter als sie. Aber das machte Therese nichts aus. „Das Kind ist weit über sein Alter hinaus“, pflegte ihre Mutter zu sagen. Vielleicht war das der Grund dafür, dass Therese keine Freundin in ihrer Klasse hatte. Bull war mindestens vierzehn. Er ging nicht mehr in die Schule. Möglicherweise ging er auch darum nicht, weil er einfach keine Lust hatte. Bull war das zuzutrauen! „Warum heißt du Bull? Warum hat deine Mutter dich Bull genannt?“ Bull hatte gelacht. „Den Namen habe ich mir selbst gegeben.“ „Und wie heißt du echt?“ „Rumpelstilzchen“, hatte Bull gesagt. Normalerweise hätte ja Therese einen Jungen wie Bull überhaupt nicht kennen gelernt. In ihrer Gegend waren die Jungen anders. Entweder sie gingen in die Schule oder sie arbeiteten irgendetwas. Bull machte nichts. Jedenfalls nichts von dem, was man meinen sollte. Nichts von all den vielen Dingen, die Erwachsene für vernünftig halten.

Therese bringt ihrem Vater gern Essen in die Gärtnerei; Vater ist nicht gesprächig

Als Therese Bull zum ersten Mal sah, lag er im Gras. Sie hatte ihrem Vater das Essen in die Gärtnerei gebracht. Die Gärtnerei war am Stadtrand. Therese fuhr mit dem Fahrrad hin. Sie machte das gern. [...] Therese hockte sich zu ihrem Vater ins Treibhaus und sah zu, wie er aß und dabei auf einem Zettel die Preise ausrechnete. Viel sprachen sie nie miteinander. Höchstens, dass der Vater fragte, ob in der Schule alles gut gegangen war. „Ja“, sagte Therese dann. Sie wartete, bis er alles aufgegessen hatte, packte den Teller und das Besteck in Zeitungspapier und stopfte alles in die Strohtasche. „Tschüs!“, sagte sie. Aber manchmal hörte der Vater das schon nicht mehr.

An dem Tag, als Therese Bull traf, drangen zuerst die Fetzen einer Melodie zu ihr hin. Dann sah sie ihn draußen vor der Gärtnerei, wo das Gras ausgebleicht und hoch stand, weil es nie jemand mähte. Er lag auf dem Rücken, die Hände unter dem Kopf, und schaute sie an. „Na?“, sagte Bull. „Hast du Mundharmonika gespielt?“, fragte Therese. Er zog das Instrument aus der Hosentasche und spielte noch einmal. „Willst du?“, fragte er dann und hielt es ihr hin. „Das kann ich nicht“, sagte Therese. „Probier's.“ Therese schüttelte den Kopf. Bull stand auf. Er war lang und dünn und hatte breite Schultern. „Wohnst du hier irgendwo?“, fragte Therese. Er zeigte hinter sich. Da waren die Häuser, die sie Silos nannten. „Wohnmaschinen“, hatte die Mutter gesagt. „Die sind nicht mal alt. Aber das Gesindel[1], das da lebt, lässt alles verkommen[2].“ […]

Von da an trafen sie sich fast jeden Tag. Sie saßen da, aßen Sonnenblumenkerne und wetteten, wer die Schalen am weitesten spucken konnte. Bull spielte Mundharmonika oder er ahmte Tiere nach. Sprang herum wie ein Affe, hüpfte wie ein Känguru und machte den Stier mit gesenkten Hörnern. Therese hatte nie so gelacht. „Woher hast du die Sonnenblumenkerne?“, fragte sie einmal. Da guckte er bloß und drückte ein Auge zu. Therese versuchte, nicht daran zu denken, dass sie aus der Gärtnerei stammen mussten. Vielleicht war es ja auch nicht wahr. Ein andermal fragte sie, was er denn werden wolle. Bull machte einen Handstand. „Wieso?“, meinte er. „Naja, du brauchst doch einen Beruf.“ „Ich werd Seifenblasenfabrikant“, sagte Bull. Am nächsten Tag brachte Therese Seifenblasen mit. Sie hatten so viel Spaß, dass sie fast vergessen hätte, nach Hause zu fahren. Mit Bull war alles anders, leichter, fröhlicher. Ganz einfach war alles mit Bull.

Daheim hatte Therese nichts von ihm erzählt. Die hätten das doch nicht verstanden.

Als Therese ihn eines Tages von ihrem Fensterplatz im Klassenzimmer auf dem Schulhof sah, erschrak sie. Er schien da nicht hinzupassen. Sie erinnerte sich, ihm gesagt zu haben, in welche Schule sie ging. Aber was wollte er hier? Wollte er sie abholen? Am Schluss der Stunde war er nicht mehr da. „Mein Wollschal ist weg!“, sagte da Brigitte. „Der hat hier im Flur gehangen. Bei den anderen Sachen. Mein gelber Wollschal. Den hat einer geklaut!“ […]

Zum ersten Mal war sie schon vor Bull bei der Gärtnerei. „Hallo“, sagte er. „Ich hab Brombeeren.“ „Das war gemein von dir!“, Therese musste es gleich aussprechen. „Du hast den Wollschal weggenommen. Bei uns in der Schule!“ Sie sah ihn an und hoffte, es möge sich herausstellen, dass er unschuldig war. Aber Bull grinste bloß. Und die Art, wie er grinste, sprach für sich. „Gib ihn zurück“, sagte Therese. „Bitte, gib ihn mir. Ich häng ihn hin, dann ist er einfach wieder da.“ „Du bist ja verrückt“, sagte Bull. „Ich klaue doch nicht!“ Therese brachte ihrem Vater das Essen. Und wenn sie wirklich Unrecht hatte? Und wenn er es nicht gewesen war? Lieber Gott, dachte Therese, mach, dass er es nicht gewesen ist. […]

Er ist mein Freund, dachte Therese, als sie am Abend nicht einschlafen konnte. Er wird es nicht wieder tun. Sie wollte, dass alles so wurde, wie es gewesen war. Bull war wie immer, am nächsten Tag und am übernächsten. Aber Therese musste sich anstrengen, um fröhlich zu wirken.

Es wurde jetzt Winter. In einer der Nächte waren die Dahlien erfroren. „Hast du nichts Wärmeres anzuziehen?“, fragte Therese. „Werd mir schon was besorgen“, sagte Bull. „Bull!“ Therese packte ihn am Arm. „Bleib ein anständiger Mensch“ – Bull grinste – „willst du doch sagen, oder!“ Therese ließ ihn stehen. Sprang aufs Fahrrad und fuhr weg.

Am nächsten Tag fehlte der Janker[3]. Jochens dicker, grauer Janker, der im Flur der Schule an einem Haken gehangen hatte. Die aufgeregten Kinder und Lehrer summten um Therese herum wie ein Bienenschwarm. Nein, dachte sie immer wieder. Nein! „Ist dir nicht gut?“, fragte jemand. Therese gab keine Antwort. „Soll ich dich heimbringen?“ Therese schüttelte den Kopf.

Dann war sie daheim, und etwas später saß sie auf dem Fahrrad und fuhr zur Gärtnerei. Bull war nicht da. Erst als sie wieder herauskam, sah sie ihn. Der Janker stand ihm gut. „Gib her!“, sagte Therese. „Gib die Jacke her!“ „Bei dir piept's wohl!“ Bull sprang einen Schritt zurück. „Du hast sie gestohlen“, sagte Therese. „Was geht es dich an?“, sagte Bull. „Gib sie her, oder ich sag, dass du es warst.“ „Das machst du nie!“ Bull lachte. „Ich zähle bis drei“, sagte Therese. Dann fuhr sie, und während des ganzen Weges dachte sie sich Entschuldigungen für Bull aus. Dass er arm war. Dass seine Mutter sich nicht um ihn kümmerte. Dass er keinen Vater hatte. Und dass er aus dem Silo kam. Aber dazwischen schossen immer wieder die anderen Gedanken. Dass er es trotzdem nicht durfte. Weil kein Mensch das Recht hat, einem anderen etwas wegzunehmen.

Als Therese in die Straße einbog, in der die Lehrerin wohnte, war sie ganz ruhig. Sie klingelte und wartete, bis aufgemacht wurde. „Therese?“ Die Lehrerin wunderte sich. „Ich weiß, wer die Sachen genommen hat“, sagte Therese. Und sie dachte, dass sie es schnell hinter sich bringen wollte. Noch bevor sie anfangen würde zu weinen.

1 **das Gesindel:** *früher:* Dienstboten; *heute:* Bezeichnung für Menschen, denen sich andere moralisch überlegen fühlen, weil sie z. B. nicht arbeiten oder stehlen

2 **verkommen lassen:** sich nicht kümmern

3 **der Janker:** Trachtenjacke

aus: Westhoff, Hannelore (Hrsg.): Die schönsten Freundschaftsgeschichten. Ravensburg: Otto Maier 1987, S. 61ff.

Dritter Schritt: Schreibplan anlegen oder Markierungen und Randnotizen nutzen

INFO zum dritten Schritt

Die **Planung der Schreibaufgabe** hilft dir, die Materialien nach den Vorgaben der Teilaufgaben zu bearbeiten und deinen Text sinnvoll zu strukturieren. Entscheide, wie du vorgehen möchtest, um die Schreibaufgabe zu planen: Verwende einen Schreibplan (Tabelle) oder arbeite mit farbigen Markierungen und Randnotizen.

1. Nutze die Aufgabenstellung und deren Unterpunkte für deine Gliederung
2. a) **Planung mit Schreibplan:** Lege in einem Schreibplan (Tabelle) die Gliederung deines Textes nach den Teilaufgaben (linke Spalte) fest.
   - In der **Einleitung** stellst du den Text vor, machst Angaben zu Titel, Autor, Textart, Erscheinungsjahr und Thema (Aufgabe **1** a). Du formulierst den sogenannten TATTE-Satz.
   - Im **Hauptteil** wendest du dich den Aufgaben **1** b) – e) zu. Das sind Aufgaben zu inhaltlichen und formalen Aspekten (z. B. *Textart, Form, Sprache, Erzählweise). Beachte genau die Verben (z. B. darstellen, beschreiben, erklären* …) und die Schlüsselwörter in den Teilaufgaben (z. B. *Darstellung der Beziehung; Gründe, warum Therese zu Hause nichts von ihrem neuen Freund erzählt* …). Ergänze Zitate und Belege. Sie unterstützen deine Aussagen.
   - Zum **Schluss** verfasst du einen Text aus der Sicht von Therese. Achte dabei genau auf die Fragen, auf die du eingehen sollst (Teilaufgabe **1** f) und verwende die Ich-Form.

   b) **Planung anhand von Markierungen und Randnotizen:** Weise den einzelnen Teilaufgaben verschiedene Farben zu. Mit diesen Farben markierst du zugehörige Textstellen in den Materialien (siehe 2. Schritt, Aufgabe **4** b). Anschließend machst du direkt mit dem 5. Schritt weiter und schreibst deinen Text auf der Grundlage deiner farbigen Markierungen und Notizen.

6 a) Übertrage den folgenden Schreibplan auf eine DIN-A4-Seite. Lasse in den einzelnen Zeilen ausreichend Platz. Du kannst auch den vorbereiteten Schreibplan von Seite 42 kopieren (C 2.5).
b) Vervollständige stichwortartig die linke Spalte. Orientiere dich an der Aufgabe von Seite 44 (Verben und Schlüsselwörter). So vermeidest du Wiederholungen.

Teilaufgaben	**Stichworte zur Bearbeitung**
1 *a) Einleitung: TATTE-Satz*	– *Titel: Der Freund* – *Autorin: …* – *Textart: kurze Erzählung (epischer Text)* – *Erscheinungsjahr: …* – *Thema: …*
1 *b) Inhalt zusammenfassen*	– *Therese und Bull sind befreundet, obwohl sie unterschiedlich sind: Therese kommt aus behüteten Verhältnissen, während Bull gar nicht mehr die Schule besucht …* – *…*
1 *c) Darstellung der Art der Beziehung zwischen Therese und Bull*	– *im ersten Absatz wird erzählt, dass Therese keine Freunde hat (Z. 3); auch zu ihrem Vater scheint sie kein inniges Verhältnis zu haben (Z. 17, Z. 21), obwohl …; Bull genießt das Leben (Z. 13); er ist unkompliziert …* – *…*
1 *d) Erklärung dazu, warum Therese zu Hause nichts von Bull erzählt*	– *Thereses Mutter bezeichnet die Häuser am Stadtrand als „Silos" (Z. 31); sie meint, dass in den „Wohnmaschinen" (Z. 31) nur „Gesindel" (Z. 32) leben würde; somit …* – *…*
1 *e) …*	*…*
1 *f) …*	*…*

Vierter Schritt: Text untersuchen und Stichworte im Schreibplan festhalten

INFO zum vierten Schritt

Ein erzählender Text stellt häufig ein bestimmtes zwischenmenschliches oder gesellschaftliches Problem (Konflikt) dar. In der Analyse sollst du diese Textaussage herausarbeiten:

1. Zuerst musst du den **Text vorstellen** und den **Inhalt zusammenfassen**.
2. Danach bearbeitest du konkrete Aufgaben zum Inhalt und zur Form/Sprache des Textes:
   a) Lies dazu noch einmal die **Teilaufgaben** ganz genau und untersuche den Text beim zweiten Lesen **aufgabenbezogen**, d. h. du konzentrierst dich auf die Schwerpunkte der Aufgaben, z. B. *das Besondere der Beziehung darstellen* (Teilaufgabe **1** c), und suchst nach Textstellen, die zur Bearbeitung dieser Aufgabe hilfreich sind.
   b) Mit Blick auf **Inhalt**, **Form** und **Sprache** musst du auf Folgendes achten:
   - **Inhalt:** Überschrift, Thema, Atmosphäre, Handlung, Personen und ihre Beziehungen, Gefühle, Gedanken und Konflikte.
   - **Form und Sprache:** Textart, Wortwahl (Schlüsselwörter), Satzbau, sprachliche Gestaltungsmittel (Metapher, Wiederholung, Vergleich …, vgl. dazu Seite 135 im Glossar), Erzählform, Erzählverhalten.

   Du ermittelst diese Gestaltungsmerkmale, um die **Wirkung** und **Deutung** des Textes zu erklären. Manchmal musst du auch die **Entstehungszeit** bedenken, denn diese Informationen können für das Verständnis ebenfalls von Bedeutung sein.

TIPP zu 7

Formulieren einer Einleitung:

1. Stelle die Erzählung vor: Autor, Titel, Erscheinungsjahr. Du kannst auch die Quelle angeben. Sie steht zumeist unter dem Text.
2. Ermittle die Textart. Handelt es sich bei dem erzählenden Text um einen Auszug aus einem Roman, eine Kurzgeschichte, eine Parabel, eine Fabel, ...? Die Merkmale dieser Textarten kannst du im Glossar ab Seite 131 nachlesen.
3. Formuliere das Thema des Textes in wenigen Sätzen. Achte darauf, dass deine Formulierung sich auf den gesamten Text bezieht, z. B. *Die Autorin thematisiert eine Freundschaft zwischen zwei sehr unterschiedlichen Jugendlichen, die aufgrund verschiedener Lebensweisen und Wertvorstellungen für das Mädchen in einem inneren Konflikt endet.*

7 Ergänze nun deinen Schreibplan stichwortartig. Beginne mit der ersten Zeile zur Einleitung (Teilaufgabe **1** a) und orientiere dich am TIPP oben.

a) Notiere Titel, Autor, Erscheinungsjahr und Textart.
b) Formuliere das Thema.

8 Notiere in der zweiten Zeile Stichworte zur Zusammenfassung des Inhalts (Teilaufgabe **1** b).

- Nutze dazu deine Stichpunkte aus der Texterschließung (Aufgabe **4**, S. 43).
- Notiere die Stichworte zu den Sinnabschnitten im Präsens im Schreibplan. Für die Vorzeitigkeit benutzt du das Perfekt. Orientiere dich an den im Text unterstrichenen Schlüsselwörtern. Beginne so:

1. Sinnabschnitt: (Z. 1–12)

– Therese und Bull sind befreundet, obwohl sie sehr unterschiedlich sind. Therese kommt aus behüteten Verhältnissen, während Bull mit seinen 14 Jahren noch nicht einmal mehr die Schule besucht und auch nicht das tut, was Erwachsene von ihm erwarten würden …

TIPP zu 9

1. Orientiere dich beim Festhalten der Notizen an den Verben (*stelle … dar, erkläre*) und am Wortlaut (Schlüsselwörter) der Teilaufgabe. So kannst du beim Ausformulieren der Ergebnisse Wiederholungen vermeiden.
2. Wenn du die Teilaufgaben zu Inhalt, Form und Sprache bearbeitest, ergänze im Schreibplan Textbelege, die du beim Ausformulieren heranziehen willst. So ersparst du dir das Suchen im Text.

9 a) Markiere im Text, warum und wie sich Therese und Bull kennen lernen und wie sie ihre Zeit miteinander verbringen. Notiere deine Ergebnisse in der dritten Zeile deines Schreibplans (Teilaufgabe **1** c). Ergänze passende Textstellen als Belege.

b) Ziehe daraus Schlussfolgerungen, was diese Zeit für Therese so besonders macht (Teilaufgabe **1** c). Mache dies durch einen Folgepfeil deutlich.

– im ersten Absatz wird erzählt, dass Therese keine Freunde hat (Z. 3); auch zu ihrem Vater scheint sie kein inniges Verhältnis zu haben (Z. 17, Z. 21), obwohl sie ihm oft das Essen bringt (Z. 13/14); dabei lernt sie Bull kennen, der einfach im Gras herumliegt (Z. 13) …
→ die Beziehung ist für Therese besonders, weil Bull einfach in den Tag hineinlebt; seine Lebensweise unterscheidet sich sehr von der Thereses (Z. 3–5, Z. 11/12) …

TIPP zu 10

1. In der Teilaufgabe **1** d) zeigst du, ob du die Aussageabsicht des erzählenden Textes richtig verstanden hast, denn auch der Konflikt am Ende ergibt sich aus den unterschiedlichen Lebensweisen und Wertvorstellungen von Therese und Bull.
2. Betrachte die Beziehung der beiden auf den gesamten Text bezogen und achte auf die Einstellung von Thereses Eltern zum Leben. Wenn du beide Lebensweisen vergleichst, kannst du ermitteln, warum Therese nichts von der Freundschaft erzählt. Bedenke auch, was Therese selbst an Bulls Charakter nicht gefällt.

10 Erkläre, warum Therese zu Hause nichts von Bull erzählt. Markiere Textstellen, die deutlich machen, was die Eltern über Bull denken könnten. Sammle dazu Stichwörter in der vierten Zeile der Tabelle (Teilaufgabe **1** d).

- *Thereses Mutter bezeichnet die Häuser am Stadtrand als „Silos" (Z. 31); sie meint, dass in den „Wohnmaschinen" (Z. 31) nur „Gesindel" (Z. 32) leben würde; somit wertet sie gleichzeitig Bull als Person ab, denn der ist in dieser Siedlung zu Hause …*
- *Therese weiß auch, dass die Eltern die Lebensweise Bulls nicht gutheißen würden, denn sie selber …*

TIPP zu 11

Achte bei der Untersuchung der Form und Sprache auf folgende Merkmale: Erzählform, Erzählverhalten, Satzbau und weitere sprachliche Gestaltungsmittel. Auf diese wird häufig bereits in der Aufgabenstellung hingewiesen. Notiere in deinem Schreibplan dazu auch immer die Wirkung dieser Merkmale.

11 Ergänze in Zeile fünf der Tabelle, wie durch Form und Sprache deutlich wird, dass die Freundschaft Therese schließlich in einen inneren Konflikt stürzt (Teilaufgabe **1** e).

- *Bull kann nicht damit aufhören, zu stehlen: er besorgt sich die Dinge, die er im Leben braucht, einfach ohne zu fragen und ohne dafür Geld zu bezahlen; er bestiehlt Thereses Vater und ihre Klassenkameraden (Z. 38: Sonnenblumenkerne, Z. 51/52: gelber Wollschal …), das ärgert Theresa maßlos und sie wünscht sich zu Beginn noch, dass sie Unrecht mit ihren Vermutungen hat …*
- *sie erkennt, dass Bull unehrlich ist und stiehlt, während sie selber offen und ehrlich ist; daher spricht sie den Diebstahl des gelben Wollschals in der Schule in seiner Gegenwart an (Z. 55/56), doch Bull grinst nur und sagt gar nichts dazu (Z. 58); daraus zieht sie ihre Schlussfolgerungen; sie verurteilt sein Handeln: „Das war gemein von dir!" (Z. 55) …*
- *beim dritten Diebstahl wird Therese richtig wütend (Z. 80–84), denn …; Bull macht sich sogar über sie lustig („Das machst du nie!" Bull lachte.", Z. 83) …*
- *der Text ist in der Er-/Sie-Erzählform mit personalem Erzählverhalten verfasst; das erkennt man daran, dass …*
- *dass Therese die Entscheidung, Bulls Diebstähle bei ihrer Lehrerin zu melden, nicht leicht fällt, wird durch eben dieses personale Erzählverhalten deutlich …*
- *ihr innerer Konflikt wird außerdem durch eine Art Aufzählung von Ellipsen deutlich (Z. 85/86); dies zeigt ihren inneren Zwiespalt, ob sie …*
- *…*

TIPP zu **12**

1. Wenn du als letzte Aufgabe einen Text aus der Sicht einer der Figuren schreiben sollst, achte darauf, dass du dich in die Figur hineinfühlst.
2. Schreibe in der Ich-Form und orientiere dich an den Erzählschritten des Textes sowie an den Gedanken und Gefühlen, die im Text deutlich werden. Du kannst auch Gefühle und Gedanken ergänzen, die nicht im Text genannt werden. Sie sollten aber zum Text passen.
3. Zur Gliederung deines Textes nutze die Fragen aus der Aufgabenstellung und beantworte sie nacheinander.
4. Gestalte deine Schreibweise so, dass sie zu der Figur passt (z. B. Therese: gut erzogenes Mädchen, dem Ehrlichkeit wichtig ist).

12 a) Lies noch einmal die Teilaufgabe **1** f). Mache dir klar, aus wessen Sicht du schreiben sollst:

Ich soll einen Text aus der Sicht von Therese, der Hauptperson aus der kurzen Erzählung „Der Freund" von Gina Ruck-Pauquét verfassen.

b) Notiere im Schreibplan stichwortartig, auf welche Inhalte du in dem inneren Monolog eingehen sollst.

1. erläutern, warum Therese (=ich) Bull zunächst interessant findet
2. …
3. …

c) Beantworte die Fragen (Aufgabe **1** f) stichwortartig aus der Sicht von Therese, d. h. du schreibst in der Ich-Form und berücksichtigst die Informationen, die der Textauszug gibt. Denke auch daran, ihre Gedanken und Gefühle darzustellen.

- *Bull ist und lebt so ganz anders als ich; er geht nicht mehr in die Schule und macht nur das, worauf er Lust hat; er interessiert sich für mich und ich kann mit ihm lachen und Blödsinn machen; ich verbringe gerne Zeit mit ihm, denn mit ihm ist alles anders, leichter und fröhlicher …*
- *der erste Verdacht, dass Bull stiehlt, kam mir, als ich ihn in der Schule gesehen hatte; danach fehlte ein Wollschal; nachdem ich ihn zur Rede gestellt hatte, grinste er nur – und ich wusste, dass er mich anlog, als er sagte, er würde nicht stehlen*
- *…*

Fünfter Schritt: Text schreiben

TIPP zum fünften Schritt

1. Formuliere deinen Text. Lasse einen **breiten Rand** an der Seite und unten, damit du Platz für die Überarbeitung und Ergänzungen hast.
2. Schreibe im **Präsens**. Um die Vorzeitigkeit auszudrücken, nutzt du das **Perfekt**.
3. Bringe die Ergebnisse aus deinem **Schreibplan** in einen **schlüssigen und zusammenhängenden Gedankengang**. Dazu fasst du **ähnliche Beobachtungen** zusammen und beschreibst ihre **Wirkung**, damit dein Leser versteht, warum der Autor bestimmte inhaltliche, sprachliche und formale Merkmale ausgewählt hat. Achte darauf, dass du **Wiederholungen vermeidest**.
4. Verwende **Zitate** – wie in den Teilaufgaben gefordert –, wenn du etwas Typisches oder Bemerkenswertes herausstellen willst oder **um eigene Aussagen zu belegen**. Kennzeichne Zitate durch Anführungszeichen und Zeilenangaben in Klammern: *„Die hätten das doch nicht verstanden." (Z. 46/47).*

5. Verwende die richtigen **Fachbegriffe**, denn mit ihnen kannst du präzise formulieren. Zumeist erhältst du Hinweise dazu schon in der Aufgabenstellung.
6. Damit dein Text zusammenhängend wirkt, verwende passende Satzverknüpfungswörter.
7. Setze nach jeder Teilaufgabe einen Absatz.

13 Fasse deine Analyseergebnisse in einem geschlossenen Text auf einem Extrablatt zusammen. Orientiere dich am TIPP und nutze deine Vorarbeit aus dem Schreibplan.

In der kurzen Erzählung „Der Freund" von Gina Ruck-Pauquét, die diese im Jahre 1987 verfasst hat, geht es um die Beziehung zwischen zwei Jugendlichen mit …
Therese und Bull sind befreundet, obwohl sie sehr unterschiedlich sind …

Fünfter Schritt: Text überarbeiten

14 Überarbeite deinen Text. Verwende dazu die CHECKLISTE.

CHECKLISTE zur Überarbeitung von Texten (Aufgabentyp 4a)

1. Den Text inhaltlich überprüfen (Inhaltsleistung)
- ☑ Hast du in deinem Text alle Unterpunkte der Schreibaufgabe und die Ergebnisse aus deinem Schreibplan berücksichtigt?
- ☑ Sind deine Ergebnisse für den Leser nachvollziehbar formuliert, d. h. hast du erklärt, wie du etwas verstanden hast, und dieses durch Textbelege veranschaulicht?
- ☑ Wird klar, welche Bedeutung Form und Sprache des Textes für die Absicht haben?
- ☑ Hast du deine Ergebnisse miteinander verknüpft und Zusammenhänge hergestellt?
- ☑ Hast du in der Stellungnahme deine Position durch Begründungen sowie durch Zitate/Belege untermauert oder ist der Text aus Sicht einer Figur verfasst (Ich-Form) und passt zu den Informationen aus dem Text?

2. Den Text sprachlich überprüfen (Darstellungsleistung)
- ☑ Hast du den Text sinnvoll gegliedert? Ist er durch Absätze überschaubar gestaltet?
- ☑ Hast du unnötige Wiederholungen und unklare Formulierungen vermieden?
- ☑ Sind deine Sätze vollständig?
- ☑ Kannst du komplizierte Sätze vereinfachen?
- ☑ Hast du Zusammenhänge durch sinnvolle Satzverknüpfungen verdeutlicht?
- ☑ Überprüfe auch Rechtschreibung, Zeichensetzung und Grammatik, denn sie fließen in die Bewertung ein und können den Lesefluss beeinträchtigen.

➡ Kontrolliere deinen Text mehrfach und berücksichtige deine persönlichen Fehlerschwerpunkte.

C 2.7 Schreibaufgabe (lyrischer Text) in sechs Schritten bearbeiten: Wolke 4

Auf den folgenden Seiten werden die wichtigsten Arbeitsschritte für das Lesen und Erschließen eines lyrischen Textes und die Schritte für die Bearbeitung der Aufgaben dargestellt. Auf der Seite 53 findest du den Liedtext, mit dem du diese Schritte üben kannst. Auch in der angeleiteten Prüfungsaufgabe zum Thema „Eine Frage der Beziehung“ (Teil E) wird auf diese grundlegenden Seiten verwiesen.

Erster Schritt: Sich orientieren

TIPP zum ersten Schritt

Stürze dich nicht gleich in die Arbeit, sondern verschaffe dir einen ersten Überblick:

1. Mache dir klar, was die Aufgabe von dir verlangt. Lies dazu die einzelnen Teilaufgaben und unterstreiche alle wichtigen Hinweise auf das, was du tun sollst. So erhältst du oft schon Anhaltspunkte, worauf du beim Lesen und Erschließen des lyrischen Textes achten musst.
2. Worum geht es? Was verrät dir die Überschrift?

1 Lies die Aufgabenstellung in der Prüfungsvorlage (S. 53) „mit dem Stift“.
Markiere die Verben und die Schlüsselwörter.

2 Gib mit eigenen Worten wieder, was du tun sollst. Beachte die Reihenfolge der einzelnen Schritte.

____

____

3 Notiere stichpunktartig, was dir zu dem Titel „Wolke 4“ einfällt. Um welches Thema könnte es gehen? Wovon könnte der Liedtext handeln?

____

____

Zweiter Schritt: Text lesen und Inhalt erfassen

4 a) Erschließe den Liedtext wie im TIPP zum zweiten Schritt dargestellt. Setze dazu die Bearbeitung fort.
b) Kennzeichne Besonderheiten, die dir auffallen (z. B. zu Strophen- und Versanzahl, Reimschema, sprachlichen Gestaltungsmitteln), durch Unterstreichungen und Randbemerkungen.

5 Worum geht es im Liedtext? Formuliere Stichworte zum Thema.

– Beziehung zwischen zwei Partnern

– Vergleich von „Wolke 4“ und „Wolke 7“ …

– …

TIPP zum zweiten Schritt

1. Markiere alle Textstellen, die dir unklar sind. Kläre diese Ausdrücke aus dem Sinnzusammenhang oder schlage sie im Wörterbuch nach. Beachte auch die Worterklärungen unter dem Text.
2. Unterstreiche Schlüsselstellen. Das sind Textstellen, die für das Verständnis wichtig sind.
3. Formuliere eine Überschrift und Stichworte zu den einzelnen Strophen; das sind oftmals Sinnabschnitte. Notiere auch Hinweise zur Atmosphäre und Stimmung.
4. Da auch die formale und sprachliche Gestaltung für das Verständnis wichtig sind, mache dir Notizen zu Strophen- und Versanzahl, Reimschema, sprachlichen Gestaltungsmitteln etc. (vgl. Glossar: Stichwort Lyrik, S. 132).

Teil II

Lies bitte zunächst den Text, bevor du dich der Bearbeitung der Aufgaben zuwendest.
Schreibe einen zusammenhängenden Text.

AUFGABENSTELLUNG Schreibaufgabe

1 **Analysiere** den Liedtext „Wolke 4“ von Philipp Dittberner und Marv. Gehe dabei so vor:

a) **Schreibe** eine Einleitung, in der du Titel, Autor, Textart und Thema **benennst**.
b) **Fasse** den Inhalt des Liedtextes in eigenen Worten **zusammen**.
c) **Stelle** die im Liedtext dargestellte Einstellung des lyrischen Ich zu seiner Beziehung **dar**. **Erläutere** dazu den Unterschied zwischen der „Wolke 4“ und der „Wolke 7“.
d) **Erläutere**, wie die Einstellung des lyrischen Ich durch sprachliche Mittel *(mögliche Aspekte: Wortwahl, sprachliche Bilder)* deutlich gemacht wird.
e) Eine Schülerin sagt über den Liedtext: *„Meiner Meinung nach liebt das lyrische Ich seine Freundin bzw. seinen Freund nicht richtig. Es sollte sich trennen.“*
Nimm Stellung zu dieser Aussage und überlege, ob du dieser Aussage zustimmen kannst. **Begründe** deine Meinung und **beziehe dich** dabei auf den Text.

Wolke 4 (2015) *Philipp Dittberner*

Lass uns die Wolke vier bitte nie mehr verlassen
Weil wir auf Wolke sieben viel zu viel verpassen
Ich war da schon ein Mal, bin zu tief gefallen
Lieber Wolke vier mit Dir als unten wieder ganz allein

Imperativ: Lyrisches Ich fordert auf („höflich“), begründet Bitte, nennt Beispiel/belegt seine Bitte

Beurteilung der Situation

Personifikation: maskieren = verdrängen?

Ziemlich gut, wie wir das so gemeistert haben
Wie wir die großen Tage unter kleinen Dingen begraben
Der Moment der die Wirklichkeit maskiert
Es tut nur gut zu wissen, dass das wirklich funktioniert

Lass uns die Wolke vier bitte nie mehr verlassen
Weil wir auf Wolke sieben viel zu viel verpassen
Ich war da schon ein Mal, bin zu tief gefallen
Lieber Wolke vier mit Dir, als unten wieder ganz allein

Redensart („auf Wolke 7 schweben“): sehr glücklich/verliebt/in Hochstimmung

Hab nicht gesehen, was da vielleicht noch kommt
Was am Ende dann mein Leben und mein kleines Herz zerbombt
Denn der Moment ist das, was es dann zeigt, dass die Tage ziemlich dunkel sind
Doch Dein Lächeln bleibt. Doch Dein Lächeln bleibt ...

Lass uns die Wolke vier bitte nie mehr verlassen
Weil wir auf Wolke sieben, viel zu viel verpassen
Ich war da schon ein Mal, bin zu tief gefallen

Lieber Wolke vier mit Dir als unten wieder ganz allein
Lieber Wolke vier mit Dir als unten wieder ganz allein
Lieber Wolke vier mit Dir als unten wieder ganz allein

Text: Dittberner, Philipp

Dritter Schritt: Schreibplan anlegen oder Markierungen und Randnotizen nutzen

INFO zum dritten Schritt

Die **Planung der Schreibaufgabe** hilft dir, die Materialien nach den Vorgaben der Teilaufgaben zu bearbeiten und deinen Text sinnvoll zu strukturieren. Entscheide, wie du vorgehen möchtest, um die Schreibaufgabe zu planen: Verwende einen Schreibplan (Tabelle) oder arbeite mit farbigen Markierungen und Randnotizen.

1. Nutze die Aufgabenstellung und deren Unterpunkte für deine Gliederung
2. a) **Planung mit Schreibplan:** Lege in einem Schreibplan (Tabelle) die Gliederung deines Textes nach den Teilaufgaben (linke Spalte) fest.
   - In der **Einleitung** stellst du den Text vor, machst Angaben zu Titel, Autor, Textart und Thema (Teilaufgabe **1** a). Du formulierst den sogenannten TATTE-Satz.
   - Im **Hauptteil** wendest du dich den Aufgaben **1** b)–d) zu. Das sind Aufgaben zu inhaltlichen und formalen Aspekten (z. B. *Art der Beziehung, Form, Sprache*). Beachte dazu genau die Verben (z. B. *darstellen, erläutern ...*) und die Schlüsselwörter in den Teilaufgaben (z. B. *dargestellte Einstellung ...*). Belege unterstützen deine Aussagen. Daher solltest du sie bereits in deinem Schreibplan notieren.
   - Deinen Text rundest du am **Schluss** mit einer Stellungnahme ab (Teilaufgabe **1** e).

   b) **Planung anhand von Markierungen und Randnotizen:** Weise den einzelnen Teilaufgaben verschiedene Farben zu. Mit diesen Farben markierst du zugehörige Textstellen in den Materialien (siehe 2. Schritt, Aufgabe **4** b). Anschließend machst du direkt mit dem 5. Schritt weiter und schreibst deinen Text auf der Grundlage deiner farbigen Markierungen und Notizen.

6 a) Übertrage den folgenden Schreibplan auf eine DIN-A4-Seite. Lasse in den einzelnen Zeilen ausreichend Platz. Du kannst auch den vorbereiteten Schreibplan von Seite 42 kopieren (C 2.5).

b) Vervollständige stichwortartig die linke Spalte. Orientiere dich an der Aufgabe von Seite 53 (Verben und Schlüsselwörter). So behältst du die Aufgaben im Blick und vermeidest Wiederholungen.

Teilaufgaben	Stichworte zur Bearbeitung
1 *a) Einleitung: TATTE-Satz*	– *Titel: Wolke 4* – *Autor: ...* – *Textart: Liedtext (lyrischer Text)* – *Erscheinungsjahr: ...* – *Thema: ...*
1 *b) Inhalt zusammenfassen*	– *das lyrische Ich schildert, wie es seine jetzige Beziehung einschätzt, ...* – *...*
1 *c) Einstellung zur Beziehung darstellen/Unterschied „Wolke 4/Wolke 7" erläutern*	– *lyrisches Ich vergleicht Beziehung mit Stufe „Wolke 4" (V. 1)* – *erklärt den Unterschied zur Stufe „Wolke 7" (man fällt nicht so tief (V. 3), „Wolke 7" = frühere Beziehung ...* – *...*
1 *d) Einstellung mithilfe von sprachlichen Mitteln erklären*	– *lyrisches Ich hat schlechte Erfahrungen auf Wolke 7 gemacht (V. 3), ihm reicht „Wolke 4" (V. 1) = höflicher Imperativ: bittet darum, bleiben zu können* – *Vergleich: gibt sich mit weniger zufrieden (V. 4: „Lieber ... als ...)* – *Vorstellungskraft wird aktiviert durch Redensart „auf Wolke 7 schweben"* – *...*
1 *e) ...*	*...*

Vierter Schritt: Text untersuchen und Stichworte im Schreibplan festhalten

INFO zum vierten Schritt

Ein Gedicht bzw. ein Liedtext stellt häufig ein zwischenmenschliches oder gesellschaftliches Problem (Konflikt) sowie Emotionen oder Stimmungen dar. In der Analyse sollst du diese Textaussage herausarbeiten:

1. Zuerst musst du das **Gedicht/den Liedtext vorstellen** und den **Inhalt zusammenfassen**. Dazu kannst du zumeist strophenweise vorgehen.
2. Danach bearbeitest du konkrete **Aufgaben zum Inhalt** und **zur Form/Sprache** des Textes:
   a) Lies dazu noch einmal die **Teilaufgaben** ganz genau und untersuche das Gedicht beim zweiten Lesen **aufgabenbezogen**, d. h. du konzentrierst dich auf die Schwerpunkte, die in den Aufgaben verlangt werden, z. B. *die dargestellte Beziehung* (Aufgabe **1** c), und suchst nach Versen, die zur Bearbeitung dieser Aufgabe hilfreich sind.
   b) Mit Blick auf **Inhalt**, **Form** und **Sprache** musst du auf Folgendes achten:
      - **Inhalt:** Überschrift, Thema/Motive, Atmosphäre/Stimmung, Handlung, Personen und ihre Beziehungen, Gefühle, Gedanken und Konflikte.
      - **Form und Sprache:** Gedichtform, Strophen- und Versaufbau und -anzahl, Reimschema, Wortwahl (Schlüsselwörter), Interpunktion, Satzbau, sprachliche Gestaltungsmittel (Metapher, Personifikation, Wiederholung, Vergleich ...). Wenn dir Fachbegriffe unklar sind, schlage im Glossar unter dem Stichwort *Lyrik* nach (S. 132). Auch die Rechtschreibung kann für die Interpretation wichtig sein.

      Du ermittelst diese Gestaltungsmerkmale, um die **Wirkung** und **Deutung** des Textes zu erklären.

7 Ergänze deinen Schreibplan stichwortartig. Beginne mit der ersten Zeile zur Einleitung (Aufgabe **1** a). Orientiere dich am TIPP.
a) Notiere Titel, Autor, Erscheinungsjahr und Textart.
b) Formuliere das Thema.

TIPP zu **7**

Formulieren einer Einleitung:

1. Stelle das Gedicht vor: Autor, Titel, Erscheinungsjahr.
2. Ermittle die Textart genauer, wenn möglich: Handelt es sich um einen Liedtext, eine Ballade, ...? Die Merkmale dieser Textarten kannst du im Glossar ab Seite 131 nachlesen.
3. Formuliere das Thema des Gedichts in wenigen Sätzen. Achte darauf, dass deine Formulierung sich auf den gesamten Text bezieht, z. B. *In dem Liedtext wird die derzeitige Situation einer Beziehung aus der Sicht des lyrischen Ich dargestellt.*

8 Notiere in der zweiten Zeile des Schreibplans Stichworte zur Inhaltszusammenfassung (Teilaufgabe **1** b):
- Nutze deine Stichpunkte aus der Texterschließung (Aufgabe 4, S. 53).
- Notiere die Stichworte zu den Strophen im Präsens in deinem Schreibplan. Für die Vorzeitigkeit verwendest du das Perfekt. Orientiere dich an den unterstrichenen Schlüsselwörtern. Beginne so:

1. Strophe: (Z. 1–4)
– Das lyrische Ich bittet darum, die derzeitige Stufe der Beziehung (Wolke 4) beizubehalten. Es ist bereits einmal auf einer höheren Beziehungsstufe (Wolke 7) gewesen. Dort hat es schlechte Erfahrungen gemacht. Es ist jedoch lieber auf der Stufe der Wolke 4 als ohne Partnerin bzw. Partner. ...

9 a) Mache dir Notizen zur Stimmung des lyrischen Ich und markiere passende Textstellen. Ziehe Schlussfolgerungen über die dargestellte Beziehung und notiere diese in der dritten Zeile deines Schreibplans (Teilaufgabe **1** c). Ergänze passende Textstellen als Belege.

– lyrisches Ich hat schlechte Erfahrungen in früherer Beziehung gemacht (V. 3)
– es war „unten“ (V. 4): verletzt, am Boden zerstört
– ist zufrieden mit der derzeitigen Situation (V. 5)
– macht sich etwas vor, verdrängt die Wirklichkeit (V. 7) …

b) Finde heraus, worin sich die Beziehungsstufen „Wolke 4“ und „Wolke 7“ unterscheiden“ (V. 2). Sammle deine Stichwörter ebenfalls in der dritten Zeile der Tabelle.

10 a) Markiere Textstellen, die die Einstellung des lyrischen Ich besonders sachlich erscheinen lassen (Teilaufgabe **1** d).
b) Ermittle, welche formalen und sprachlichen Gestaltungsmittel diesen Eindruck zudem verstärken (Teilaufgabe **1** d).

– Vergleich (V. 4): lieber nur Stufe 4 als ohne Partnerin / Partner
– verdrängt die Wirklichkeit (V. 7/8): sachliche Beschreibung des Zustandes (Wortwahl: gut zu wissen, es funktioniert)
– …

11 a) Lies die Aufgabe **1** e). Mache dir klar, wozu du Stellung nehmen sollst. Erläutere die Aussage im Schreibplan kurz in eigenen Worten.

Eine Schülerin sagt über den Liedtext, sie finde, dass sich das lyrische Ich trennen sollte, weil es …

b) Welchen Standpunkt vertrittst du?
c) Sammle in Stichworten Gedanken dazu und notiere sie in deinem Schreibplan. Schreibe auch die Textstellen auf, die du als Belege in deiner Stellungnahme berücksichtigen willst.

TIPP zu 9

1. Orientiere dich beim Festhalten der Notizen an den Verben (*stelle … dar, erläutere*) und am Wortlaut (*Schlüsselwörter*) der Teilaufgabe. So kannst du beim Ausformulieren der Ergebnisse Wiederholungen vermeiden.
2. Wenn du die Teilaufgaben zu Inhalt, Form und Sprache bearbeitest, ergänze im Schreibplan Textbelege, die du beim Ausformulieren heranziehen willst. So ersparst du dir das Suchen im Text. Beim Belegen gibst du Verse an: z. B. *V. 3.*
3. Formuliere deine Stichwörter in eigenen Worten.

TIPP zu 10

Achte bei der Untersuchung der Form und Sprache auf folgende Merkmale: Strophen, Reimschema, Wortwahl, sprachliche Gestaltungsmittel. Auf diese wird häufig bereits in der Aufgabenstellung hingewiesen. Du kannst zusätzlich aber auch weitere Auffälligkeiten einbeziehen, z. B. Verse, Satzbau, etc. Manchmal weist eine Unregelmäßigkeit beim Strophenaufbau oder bei der Versanzahl auch auf inhaltlich Wichtiges hin. Notiere in deinem Schreibplan dazu auch immer die Wirkung dieser Merkmale.

TIPP zu 11

1. Wenn du eine Stellungnahme schreiben sollst, wird von dir erwartet, dass du dich mit einer Aussage bzw. mit einem Zitat aus dem Text befasst. Dazu gehört es, diese/dieses direkt oder indirekt wiederzugeben, und zu erklären, was damit gemeint ist.
2. Stelle deinen Standpunkt eindeutig dar. Du kannst zustimmen, ablehnen oder auch einen Kompromiss finden. Wichtig ist, dass du die Gründe abwägst und am Ende ein zusammenfassendes Fazit ziehst.
3. Begründe deine Position nachvollziehbar und stichhaltig. Beziehe dich dabei auf den Text und führe auch Zitate an, die deine Meinung anschaulich belegen.

Fünfter Schritt: Text schreiben

TIPP zum fünften Schritt

1. Formuliere deinen Text. Lasse einen **breiten Rand** an der Seite und unten, damit du Platz für die Überarbeitung und Ergänzungen hast. Schreibe beim Ausformulieren so, als würde dein Leser das Gedicht nicht kennen. So erreichst du, dass du genau und detailliert arbeitest.
2. Schreibe im **Präsens**. Um die Vorzeitigkeit auszudrücken, nutzt du das **Perfekt**.
3. Bringe die Ergebnisse aus deinem **Schreibplan** in einen **schlüssigen und zusammenhängenden Gedankengang**. Dazu fasst du **ähnliche Beobachtungen** zusammen und beschreibst ihre Wirkung, damit dein Leser versteht, warum der Autor bestimmte inhaltliche, sprachliche und formale Merkmale ausgewählt hat. Achte darauf, dass du Wiederholungen vermeidest.
4. Verwende **Belege** – wie in den Teilaufgaben gefordert –, wenn du etwas Typisches oder Bemerkenswertes herausstellen willst oder **um eigene Aussagen zu belegen**. Kennzeichne Belege durch Anführungszeichen und Zeilenangaben in Klammern: *„bin zu tief gefallen." (V. 3).*
5. Verwende die richtigen **Fachbegriffe**, denn mit ihnen kannst du präzise formulieren.
6. Damit dein Text zusammenhängend wirkt, verwende passende **Satzverknüpfungswörter**.
7. Setze nach jeder Teilaufgabe einen **Absatz**.

12 Fasse deine Analyseergebnisse zum Liedtext „Wolke 4" von Philipp Dittberner und Marv in einem geschlossenen Text auf einem Extrablatt zusammen. Orientiere dich am TIPP und nutze deine Vorarbeit aus deinem Schreibplan sowie die folgenden Textanfänge zu den Teilaufgaben.

*Teilaufgabe **1** a): In dem Liedtext „Wolke 4" von Philipp Dittberner und Marv beschreibt das lyrische Ich aus seiner Sicht die Situation seiner derzeitigen Beziehung …*

*Teilaufgabe **1** b): Das lyrische Ich bittet seine Partnerin bzw. seinen Partner darum, auf der jetzigen Beziehungsstufe, die es als „Wolke 4" bezeichnet, zu bleiben, da es …*

*Teilaufgabe **1** c): Die Beziehung des lyrischen Ich wird von ihm gleichgesetzt mit „Wolke 4" (V. 1). Das heißt, es bewertet seine Beziehungsstufen. In einer früheren Beziehung war es bereits auf Wolke 7, aber es wurde enttäuscht (V. 3). Im Liedtext werden die Wolke 4 und die Wolke 7 miteinander verglichen, das heißt …*

*Teilaufgabe **1** d): Die Einstellung des lyrischen Ich zu seiner derzeitigen Beziehung wird besonders durch die Wortwahl deutlich. So verwenden die Autoren die Redewendung „Wolke 7", was soviel heißt, wie …*

*Teilaufgabe **1** e): Eine Schülerin sagt über den Liedtext, sie finde, das lyrische Ich würde seine Freundin bzw. seinen Freund nicht richtig lieben und schlägt vor, es sollte die Beziehung beenden. Damit meint sie, dass die Beziehung der beiden keinen Sinn mehr hat, weil …*
Ich bin der Meinung, dass die Schülerin mit ihrer Aussage …

Sechster Schritt: Text überarbeiten

13 Überarbeite deinen Text. Verwende dazu die CHECKLISTE.

CHECKLISTE zur Überarbeitung von Texten (Aufgabentyp 4a)

1. **Den Text inhaltlich überprüfen (Inhaltsleistung)**
   - ☑ Hast du in deinem Text alle Unterpunkte der Schreibaufgabe und die Ergebnisse aus deinem Schreibplan berücksichtigt?
   - ☑ Sind deine Ergebnisse für den Leser nachvollziehbar formuliert, d.h. hast du erklärt, wie du etwas verstanden hast, und dieses durch Textbelege veranschaulicht?
   - ☑ Wird klar, welche Bedeutung Form und Sprache des Textes für die Absicht haben?
   - ☑ Hast du deine Ergebnisse miteinander verknüpft und Zusammenhänge hergestellt?
   - ☑ Hast du in der Stellungnahme deine Position durch Begründungen sowie durch Zitate/Belege untermauert <u>oder</u> ist der Text aus Sicht einer Figur verfasst (Ich-Form) und passt zu den Informationen aus dem Text?

2. **Den Text sprachlich überprüfen (Darstellungsleistung)**
   - ☑ Hast du den Text sinnvoll gegliedert? Ist er durch Absätze überschaubar gestaltet?
   - ☑ Hast du unnötige Wiederholungen und unklare Formulierungen vermieden?
   - ☑ Sind deine Sätze vollständig?
   - ☑ Kannst du komplizierte Sätze vereinfachen?
   - ☑ Hast du Zusammenhänge durch sinnvolle Satzverknüpfungen verdeutlicht?
   - ☑ Überprüfe auch Rechtschreibung, Zeichensetzung und Grammatik, denn sie fließen in die Bewertung ein und können den Lesefluss beeinträchtigen.

➡ Kontrolliere deinen Text mehrfach und berücksichtige deine persönlichen Fehlerschwerpunkte.

C 3 Aufgabentyp 4b

C 3.1 Was bedeutet die Aufgabenstellung „Untersuche und vergleiche …"?

1 Die Aufgabenstellung unten könnte aus einer Prüfungsvorlage stammen, bei der du verschiedene Sachtexte untersuchen und miteinander vergleichen musst. Lies die Aufgabenstellungen (ACHTUNG: Die zugehörigen Materialien findest du auf den Seiten 120 bis 122).

AUFGABENSTELLUNG Schreibaufgabe

Untersuche die Materialien M1, M2 und M3.
Gehe dabei so vor:

a) Stelle die Materialien kurz vor und benenne das gemeinsame Thema von M1, M2 und M3.
b) Fasse die Informationen aus M1 zusammen.
c) Stelle die wesentlichen Aussagen aus M2 dar und erläutere sie.
d) Gib die Informationen aus M3 wieder. Vergleiche die Aussagen von M2 und M3 im Hinblick auf die Frage, welche Möglichkeiten es gibt, der „Zoom-Fatigue" entgegenzuwirken. Belege deine Ausführungen am Text.
e) Setze dich kritisch mit der folgenden Aussage einer Mitschülerin auseinander:
„Videochats sind ausschließlich für die Freizeit gut. In der Schule oder bei der Arbeit machen sie nur krank".
   - Nimm Stellung zu der Aussage.
   - Begründe deine Meinung.
   - Beziehe dich dabei auch auf die Materialien M1 bis M3.

INFO zu 2

benennen: Informationen zusammentragen
zusammenfassen: Inhalte, Aussagen, Zusammenhänge komprimiert und strukturiert wiedergeben
darstellen: einen Sachverhalt, Zusammenhang oder eine methodische Entscheidung strukturiert formulieren
wiedergeben: Inhalte/Zusammenhänge verkürzt mit eigenen Worten formulieren
vergleichen: vorgegebene Materialien unter besonderen Bedingungen vergleichen (ermitteln von Gemeinsamkeiten, Unterschieden und Abweichungen
Stellung nehmen: eine Problemstellung bzw. einen Sachverhalt auf der Grundlage von Kenntnissen, Einsichten und Erfahrungen kritisch prüfen und die Einschätzung sorgfältig abwägend formulieren
begründen: eigene Aussagen erklären, z.B. durch Konjunktionen (*weil, denn* …) einleiten.

2 In der Aufgabenstellung oben ist zum Teil schon unterstrichen worden, was von dir erwartet wird. Unterstreiche auch in den weiteren Aufgaben, was du tun sollst. Die Operatoren geben dir Hinweise. Lies dazu die Info rechts. Dort wird erklärt, was unter den Arbeitsanweisungen genau zu verstehen ist.

3 Die Teilaufgabe d) gibt dir Hinweise, was du **untersuchen** und **vergleichen** sollst.
Markiere oben, auf was du besonders achten musst.
Notiere diese Punkte stichwortartig.

INFO zu 3

Um einen Sachtext zu verstehen, musst du ihn **untersuchen**:
- Welche Informationen enthält er?
- Welcher Aufbau ist erkennbar?
- Um welche Textsorte handelt es sich?
- Welche Wirkung hat der Text?
- Welche Absicht liegt dem Text zugrunde?
- Welche sprachlichen Besonderheiten gibt es, welche Funktion haben sie?

Vergleichen bedeutet, Texte nach bestimmten Gesichtspunkten in Beziehung zu setzen:
- Was haben sie gemeinsam?
- Welche Unterschiede sind erkennbar?
- Inwieweit ergänzen sich die Texte?

Diese Vergleiche können sich auf Inhalt, Form, Absicht, Wirkung und Sprache beziehen.
In den Aufgabenstellungen findest du Hinweise, auf welche Aspekte du achten musst.

C 3.2 Materialien vergleichen, deuten und bewerten – Fachwissen

Wenn du verschiedene Materialien (vgl. dazu die Übersicht über die Textarten im Glossar, Seite 144) miteinander vergleichen sollst, stellst du diese kurz vor (= TATTE-Satz) und fasst dann die wesentlichen Informationen aus den Texten getrennt voneinander zusammen. In der eigentlichen **Vergleichsaufgabe** wird dir ein Schwerpunkt vorgegeben, der deutlich macht, **was** du vergleichen sollst. Anschließend nimmst du zu einer Aussage oder einem im Text genannten Sachverhalt Stellung.
Die **Gliederung** deines Vergleichstextes wird dir durch die Teilaufgaben vorgegeben:

– **Stelle … vor und benenne das gemeinsame Thema …**	→ Wenn du mehrere Materialien vorliegen hast, fasse dich bei der Vorstellung kurz. Hinweise zum Thema erhältst du oft schon in der Überschrift.
– **Fasse die Informationen … zusammen** – **Stelle dar, …**	→ Beachte bei der Zusammenfassung den genannten Schwerpunkt: Was soll ich zusammenfassen/darstellen/wiedergeben?
– **Setze M1 und M2 in Beziehung, indem du … erläuterst.**	→ Stelle Unterschiede und Gemeinsamkeiten bezogen auf den Schwerpunkt dar: Was soll ich in Beziehung setzen/vergleichen?
– **Nimm Stellung zu der Aussage und begründe …**	→ Argumentiere über die Texte hinaus, beziehe dich aber auch auf diese. (vgl. dazu Teilaufgaben **1** a) – f), Seite 64)

Ziele des Textes (= Funktion)

Du zeigst, dass du die Inhalte aller Materialien und ihre Aussage verstanden hast und dass du erkannt hast, wie sie zueinander in Beziehung stehen. Dazu schreibst du **über** die Texte.

Schreibstil und Art der Informationen

- informativ
- beschreibend
- sachlich
- argumentativ

Beachte dabei:

✔ Schreibe nicht aus dem Text ab. **Zahlen**, **Daten**, **Namen** und **Fakten** solltest du aber **richtig übernehmen**.

✔ Gib im Vergleich und auch in der Stellungnahme **Textbelege** an. Dazu kannst du **wörtlich**, aber auch **indirekt Aussagen wiedergeben**. Ergänze immer das **Material** als Quelle, z. B. *M1, Z. 2.*

✔ Weise den **Vergleich sprachlich eindeutig** als solchen aus: *Während in M1 …, wird in M2 deutlich, dass …*

✔ Formuliere im **Präsens**.

TIPP

- Weise bereits beim Lesen der Schreibaufgabe den einzelnen Teilaufgaben unterschiedliche Farben zu. Beim Erschließen des Textes markierst du in diesen Farben die Informationen, die du für die Bearbeitung der jeweiligen Teilaufgabe verwenden willst.
- Für den Vergleich kennzeichnest du die betreffenden Stellen am Rand. Wenn in Texten je eine Pro- bzw. Kontra-Meinung dargestellt wird, kannst du zur Kennzeichnung Symbole verwenden, z. B. +, –, =.
- **Achtung!** Nicht immer sind die Aufgaben gleich gegliedert. Zum Beispiel wird nicht immer verlangt, dass du die Materialien vorstellen sollst. Manchmal finden sich auch die Zusammenfassung der Inhalte und der Vergleich der Materialien in derselben Teilaufgabe (vgl. F 3, Seite 120). Beachte deshalb die Operatoren in den Teilaufgaben genau!

C 3.3 Einen Textvergleich verfassen

Hier erhältst du eine Übersicht zur **Vorgehensweise bei der Bearbeitung der Schreibaufgabe zum Aufgabentyp 4b**. Die blau markierten Wörter (Arbeitstechniken, Operatoren, Fachbegriffe) kannst du im Glossar (ab S. 131) oder im Kapitel C 3.1 (S. 59) und C 3.5 (ab S. 63) nachschlagen. Bei der Bearbeitung der Aufgabenstellungen in den Kapiteln F 3 – F 5 kannst du dich an dieser Übersicht orientieren.

Sechs Schritte zur Bearbeitung der Aufgabenstellung

1. Schritt: Sich orientieren
- Teilaufgaben und **Operatoren** erfassen
- Schreibziel erkennen (→ **vergleichend untersuchen**)

↓

2. Schritt: Materialien erschließen und Inhalte erfassen
- Texte, **Diagramme**, **Schaubilder** lesen
- unbekannte Begriffe und Ausdrücke klären
- **Schlüsselstellen** markieren und bewerten
- Inhalt abschnittsweise in Stichpunkten **zusammenfassen**

↓

3. Schritt: Schreibplan anlegen oder	**farbige Markierungen und Randnotizen nutzen**
– Tabelle anlegen (nach Teilaufgaben und Materialien gliedern)	– farbige Markierungen pro Teilaufgabe vornehmen – ggf. Stichpunkte zu den Teilaufgaben am Rand notieren

↓

4. Schritt: Materialien auswerten und Stichworte zu den Teilaufgaben im Schreibplan festhalten
- Informationen für die Einleitung notieren
- Inhalt abschnittsweise in Stichpunkten zusammenfassen, Aussagen der Schaubilder zum Thema kurz benennen
- Aufgaben zu Inhalten der Materialien stichpunktartig bearbeiten
- zu einer Aussage oder einem Zitat **Stellung nehmen**
- **Operatoren** und Wortlaut der Teilaufgaben berücksichtigen

↓

5. Schritt: Eigenen Text schreiben

Inhalt:
- zusammenhängenden Text verfassen
- Einleitung formulieren/gemeinsames Thema der Materialien benennen
- Inhalte mit eigenen Worten zusammenfassen
- Aussagen der Schaubilder zum Thema darstellen
- vergleichende Ergebnisse am Text belegen
- zu einem Zitat/einer Aussage Stellung nehmen

Darstellung:
- im **Präsens** schreiben
- **Zitiertechniken** beachten
- in eigenen Worten formulieren
- Überleitungen formulieren
- Ergebnisse der Teilaufgaben miteinander verknüpfen
- nach Teilaufgaben Absätze einfügen

↓

6. Schritt: Text überarbeiten
- Einleitung vollständig? Inhalt richtig/eigenständig zusammengefasst?
- Alle Teilaufgaben berücksichtigt? (→ **Operatoren**) **Fazit** formuliert?
- Stellungnahme auf das Zitat/die Aussage abgestimmt?
- Im **Präsens** geschrieben?
- **Rechtschreibung, Zeichensetzung, Grammatik** korrekt?

C 3.4 Schreibplan zu Aufgabentyp 4b

Nutze diese Tabelle zur Planung deines Vergleichs. Ergänze die Kategorien der Teilaufgaben und die Informationen aus den Materialien stichwortartig. Wenn in deiner Prüfungsvorlage nur zwei Materialien oder weniger Teilaufgaben vorkommen, kannst du einfach eine Spalte bzw. Zeile streichen. Ebenso streichst du die Kästchen, die du für die Bearbeitung der Teilaufgaben nicht benötigst.

Teilaufgabe	M1	M2	M3	M4
1 a) Einleitung: TATTE-Satz				
gemeinsames Thema der Materialien benennen				
1 b)				
1 c)				
1 d)				
1 e)				

C 3.5 Schreibaufgabe in sechs Schritten bearbeiten: Fitnesstracker und ihre Nutzung

Auf den folgenden Seiten werden die wichtigsten Arbeitsschritte für das Lesen und Erschließen eines Sachtextes und eines Schaubildes und die Schritte für die Bearbeitung der Prüfungsaufgaben dargestellt. Auf den Seiten 64 bis 66 findest du die Sachtexte und das Schaubild, mit denen du diese Schritte üben kannst. Auch in der angeleiteten Prüfungsaufgabe (Teil D) wird auf diese grundlegenden Seiten verwiesen.

Erster Schritt: Sich orientieren

1 Lies die Aufgabenstellung in der Prüfungsvorlage auf den Seiten 64 bis 66 „mit dem Stift". Markiere die Verben und die Schlüsselwörter.

2 Gib mit eigenen Worten wieder, was du tun sollst. Beachte die Reihenfolge der einzelnen Schritte.

___

___

___

___

___

TIPP zum ersten Schritt

Verschaffe dir einen Überblick:

1. Was verlangen die Aufgaben von dir? Lies die einzelnen Teilaufgaben und unterstreiche alle wichtigen Hinweise auf das, was du tun sollst. Du erhältst oft schon Anhaltspunkte, auf was du beim Lesen und Erschließen der Texte achten musst.
2. Worum könnte es in den Materialien gehen? Was verraten die Überschriften?

3 Notiere stichpunktartig, um was es in den einzelnen Materialien gehen könnte.

Material 1: Einsatz von Fitnesstrackern ___

Material 2: ___

Material 3: ___

Zweiter Schritt: Materialien erschließen und Inhalte erfassen

4 a) Erschließe die Materialien wie im TIPP zum zweiten Schritt dargestellt. Setze dazu die Bearbeitung fort.
b) Kennzeichne Besonderheiten, die dir auffallen, durch Unterstreichungen und Randbemerkungen.

5 Gib den Inhalt von M1 wieder.

Fitnesstracker als Hilfsmittel für körperliche Fitness ... ___

___

6 Notiere die wichtigsten Aussagen aus M2 und M3.

___

___

___

___

TIPP zum zweiten Schritt

1. Markiere alle unbekannten Begriffe und Textstellen. Kläre sie mithilfe des Wörterbuchs. Beachte auch die Worterklärungen unter dem Text.
2. Unterstreiche oder kennzeichne Textstellen, die dir wichtig erscheinen.
3. Markiere Textstellen, die du zur Bearbeitung der Teilaufgaben heranziehen willst.
4. Notiere zu jedem Textabschnitt Stichpunkte zum Inhalt.
5. Werte das Schaubild aus wie in B 4 auf Seite 23.

Teil II

Lies bitte zunächst die Aufgabe und dann die Materialien aufmerksam durch, bevor du mit dem Schreiben beginnst. Schreibe einen zusammenhängenden Text.

AUFGABENSTELLUNG Schreibaufgabe

1 **Untersuche** die Materialien M1, M2 und M3.

Gehe dabei so vor:

a) **Benenne** das gemeinsame Thema von M1, M2 und M3.

b) **Fasse** die Informationen aus M1 **zusammen**.

c) **Stelle** die Aussagen von M2 **dar** und **erläutere** sie.

d) **Gib** die Informationen aus M3 **wieder**.

e) **Vergleiche** die Aussagen von M1, M2 und M3 im Hinblick auf die Frage, ob Fitnesstracker das Bewegungsverhalten der Nutzer und Nutzerinnen positiv beeinflussen. Belege deine Ausführungen am Text.

f) **Setze dich** kritisch mit der folgenden Aussage einer Mitschülerin **auseinander**:
„Ich denke, dass das Tragen eines Fitnesstrackers zu mehr Gesundheitsbewusstsein und einer positiven Veränderung des Bewegungsverhaltens beitragen kann."
- **Nimm Stellung** zu der Aussage.
- **Begründe** deine Meinung.
- Beziehe dich dabei auch auf die Materialien M1 bis M3.

M1 Fitnesstracker und ihre Nutzung

[...] Immer mehr Menschen legen Wert auf körperliche Fitness. Um diese zu erreichen, gibt es viele Möglichkeiten. Ein Gerät, das dabei helfen soll, ist der Fitnesstracker. [...] Ein Fitnesstracker ist ein kleines Gerät, das meist wie eine Armbanduhr am Handgelenk getragen wird. Es zeichnet durch mehrere Sensoren[1] verschiedene Daten wie Schrittanzahl, gelaufene Distanz, Schlafenszeiten, verbrauchte Kalorien, Herzfrequenz und vieles mehr auf.
Meist gibt es zum jeweiligen Fitnessarmband eine passende Smartphone-App, an die das Gerät die Daten übermittelt. Dort kann der Nutzer dann Ergebnisse einsehen, vergleichen und kontrollieren. In den meisten Fitnesstracker-Apps ist es möglich, persönliche Ziele festzuhalten und den Tracker durch Daten wie Geschlecht, Größe und Körpergewicht zu spezifizieren[2]. Auch sind viele Apps direkt mit sozialen Netzwerken verbunden. [...]
Der Nutzer bekommt durch die Aufzeichnung seiner Daten einen realistischen Überblick über sein gesamtes Bewegungsverhalten, wodurch ein besseres Körperbewusstsein geschaffen werden kann. Tracker können auch Aufschluss über schlechte Ernährungsangewohnheiten geben, da das Gerät das Essverhalten dokumentieren kann. [...]
Fitnesstracker dienen oft als Motivationshilfe für mehr Bewegung und Sport. So kann die Anzahl der verbrannten Kalorien oder die aufgezeichnete, beim Joggen bereits zurückgelegte, Strecke Ansporn für eine Leistungssteigerung sein. Die motivierende Wirkung der Tracker kann durch soziale Medien weiter verstärkt werden, denn das Teilen von getrackten Aktivitäten mit Freunden kann als zusätzlicher Anreiz dienen. [...]

1 **der Sensor:** ein Messfühler 2 **spezifizieren:** *hier:* genau angeben

gesund & vital Redaktion, 09.12.2021
https://www.gesund-vital.de/fitnesstracker, Zugriff: 15.12.2021

M2 Umfrage: Verhaltensänderung durch Fitnesstracker

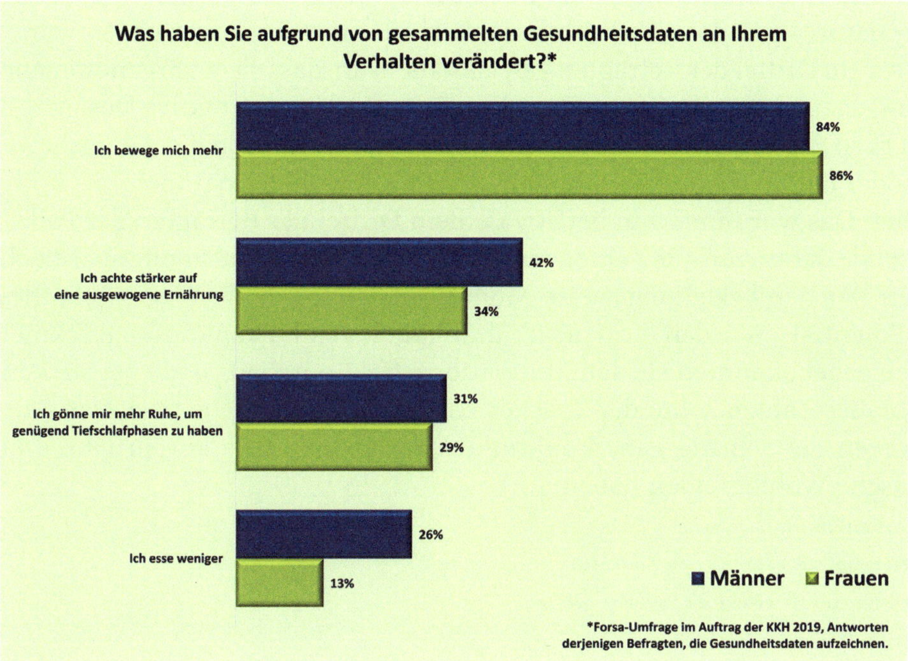

Kaufmännische Krankenkasse KKH, Hannover 2019

M3 Warum viele Sportler den Fitnesstracker weglegen

Wenn die Tage kürzer werden, zieht es uns eher auf die Couch als in die Laufschuhe. Fitnesstracker sollen helfen, sich doch aufzuraffen. Sie zeigen schwarz auf weiß, was wir geleistet haben und teilen es sogar anderen mit. Trotzdem legt fast ein Drittel der regelmäßigen Nutzer die digitale Motivationshilfe schon bald wieder beiseite. Forscher aus Chemnitz und Lübeck haben erstmals genauer hinterfragt, warum das so ist. Die Interaktion[1] von Mensch und Technik ist das Steckenpferd[2] der Psychologin Christiane Attig. Besonders intensiv beschäftigt sie sich sein einiger Zeit mit den Nutzern von Fitnesstrackern - auch aus persönlicher Motivation:

„Ich habe selbst auch einen Tracker genutzt und irgendwann festgestellt, dass er mein Verhalten beeinflusst. So habe ich mich irgendwann in erster Linie für die Zahlen auf dem Display bewegt und nicht, um mir etwas Gutes zu tun. Ich wollte wissen, ob es nur mir so geht."

Im Rahmen einer früheren Studie untersuchte sie bereits vor zwei Jahren, ob und wie die digitalen Motivationshilfen ihre Nutzer beeinflussen. Das Ergebnis: Ja, Trackerträger sporteln mehr, aber nur, so lange sie die Geräte auch tragen. Die Freude daran lässt bei den meisten jedoch nach wenigen Monaten nach. [...]

Etwa ein Drittel der Befragten hatte das Gefühl, nur noch für die Zahlen auf dem Tracker zu trainieren, und nicht, um sich etwas Gutes zu tun. Darüber hinaus fühlten sich viele durch die ständige Kontrolle in ihrer persönlichen Freiheit eingeschränkt, auch wenn sie freiwillig auferlegt war. Und wer generell ein Problem mit dieser Form von Selbstquantifizierung[3] hatte, verlor offenbar auch schneller die Freude und das Interesse am Tracking.

Auch wenn sich die Lebensumstände der Studienteilnehmer vorübergehend oder dauerhaft geändert hatten, entschieden sich viele von ihnen später wieder

M3

gegen einen Alltag mit Tracker – zum Beispiel im Urlaub oder durch Krankheit, durch Schwangerschaft oder neue berufliche Herausforderungen. Also immer dann, wenn das Tracken unmöglich oder unwichtig geworden war. Mehr als ein Drittel der Befragten gab außerdem an, dass sie wahrgenommene Messungenauigkeiten, geringer Tragekomfort und das unattraktive Design des Trackers so gestört hatten, dass sie ihn ablegten. […] Werden die Alltagsbewegung oder der Sport zur Gewohnheit, wird der Tracker nicht mehr als nötig erachtet. Das war immerhin bei etwa einem Drittel der Befragten der Fall. Die Freude daran, nur für Zahlen zu laufen, erschöpft sich also offenbar nach einigen Wochen beziehungsweise Monaten. Hier sehen die Wissenschaftler noch Potential[4]. Würden die Tracker individuellere und konkretere Rückmeldungen geben, könnten sie den Motivationseffekt durchaus noch verstärken. Statt bloßer Zahlen sollte der Tracker zurückmelden, welche positiven Auswirkungen die Schritte ganz konkret auf das individuelle körperliche und psychische Wohlbefinden haben. […]

1 **die Interaktion:** die Beziehung

2 **das Steckenpferd:** das Hobby, die Leidenschaft

3 **die Selbstquantifizierung:** die Selbstvermessung

4 **Potential:** Ausbau von Möglichkeiten

Mitteldeutscher Rundfunk, Leipzig, 27.09.2019
https://www.mdr.de/wissen/gruende-fuer-fitnesstracker-verzicht-100.html, Zugriff: 15.12.2021

Dritter Schritt: Schreibplan anlegen oder Markierungen und Randnotizen nutzen

TIPP zum dritten Schritt

Die Planung der Schreibaufgabe hilft dir, die Materialien nach den Vorgaben der Teilaufgaben zu bearbeiten und deinen Text sinnvoll zu strukturieren. Entscheide, wie du vorgehen möchtest, um die Schreibaufgabe zu planen: Verwende einen Schreibplan (Tabelle) oder arbeite mit farbigen Markierungen und Randnotizen.

1. Nutze die Aufgabenstellung und deren Unterpunkte für deine Gliederung.
2. a) **Planung mit Schreibplan:** Lege in einem Schreibplan wie unten (Tabelle) die Gliederung deines Textes (linke Spalte) fest, indem du für jede Teilaufgabe eine Zeile anlegst und die Aufgabe stichwortartig beantwortest.
   - Zu Beginn stellst du die Materialien (M1 und M2) kurz vor, indem du jeweils Angaben zu Titel, Autor/-in, Textart und Erscheinungsjahr machst und das gemeinsame Thema formulierst (TATTE-Satz) (Teilaufgabe 1 a).
   - In den weiteren Teilaufgaben fasst du die wichtigsten Aussagen der Materialien zusammen und vergleichst diese mit Blick auf den Schwerpunkt (hier: Teilaufgaben 1 b – d). Beachte dabei genau die verwendeten Operatoren sowie den Wortlaut der Aufgabenstellung. Sie gibt dir den Schwerpunkt des Vergleichs vor.
   - Am Schluss musst du zu einer vorgegebenen Thematik Stellung nehmen (Teilaufgabe 1 e).

   b) **Planung anhand von Markierungen und Randnotizen:** Weise den einzelnen Teilaufgaben verschiedene Farben zu. Mit diesen Farben markierst du zugehörige Textstellen in den Materialien (siehe 2. Schritt, Aufgabe 4 b). Anschließend machst du direkt mit dem 5. Schritt weiter und schreibst deinen Text auf der Grundlage deiner farbigen Markierungen und Notizen.

7 a) Übertrage den folgenden Schreibplan auf eine DIN-A4-Seite. Lasse in den einzelnen Zeilen ausreichend Platz. Du kannst auch den vorbereiteten Schreibplan von Seite 62 kopieren (C 3.4).

b) Vervollständige stichwortartig die linke Spalte. Orientiere dich dazu an den Teilaufgaben von Seite 64 (markierte Verben). So behältst du die Aufgaben im Blick und vermeidest Wiederholungen.

Teilaufgaben	M1	M2	M3
1 a) Einleitung: Vorstellen von M1–M3 ...	*Titel: Fitnesstracker und ihre Nutzung*	*Titel: Umfrage: ...*	*Titel: Warum viele ...*
Gemeinsames Thema benennen			
1 b) Informationen aus M1 zusammenfassen ...			
1 c) Aussagen von M2 darstellen und ...			
1 d) Informationen aus M3 wiedergeben: ...			
1 e) Aussagen von M1, M2 und M3 vergleichen ...			
1 f) ...			

Vierter Schritt: Materialien untersuchen und vergleichen, Stichworte im Schreibplan festhalten

INFO zum vierten Schritt

1. **Vergleichen** heißt, Textaussagen, Problemstellungen und Sachverhalte aus den verschiedenen Materialien unter bestimmten Aspekten gegenüberzustellen mit dem Ziel, Gemeinsamkeiten, aber auch Unterschiede zu ermitteln.
2. Wenn du dich dafür entschieden hast, den Schreibplan durch farbiges Markieren zu ersetzen, musst du die Stichwörter zu den Aufgaben **8** – **15** (S. 67/68) nicht notieren. Dann erarbeitest du die Aufgaben direkt an den Materialien, markierst zu den Aufgaben passende Textstellen farbig und schreibst wichtige Notizen, wie z. B. das gemeinsame Thema, an den Rand. Nutze die Notizen zu den Aufgaben als Formulierungshilfen.

8 Ergänze nun deinen Schreibplan stichwortartig. Beginne mit der Einleitung (Teilaufgabe **1** a).

a) Stelle M1 bis M3 kurz vor. Notiere Titel, Autor/-in, Erscheinungsjahr und Textart.
M1 trägt den Titel ... Bei M 2 handelt es sich um ...
In M3 ... geht es um ...

b) Formuliere das gemeinsame Thema.
In allen Materialien geht es um ...

9 Fasse in der zweiten Zeile des Schreibplans die Informationen aus M1 zusammen (Aufgabe **1** b). Nutze dazu deine Stichpunkte aus der Texterschließung (Aufgabe **4**, S. 63).

– Fitnesstracker zeichnen Daten zum persönlichen Bewegungsverhalten auf
– zeigen diese Daten in entsprechenden Apps an
– ...

10 Stelle nun die wesentlichen Aussagen von M2 dar und erläutere sie. Nutze dazu die dritte Zeile deines Schreibplans (Teilaufgabe **1** c).

– Ergebnisse einer Umfrage der KKH zur Frage nach Verhaltensänderung durch den Gebrauch von Fitnesstrackern
– untersuchte Aspekte: Bewegung, gesunde Ernährung, …

TIPP zu 10

1. Lies zuerst die Überschrift und den Begleittext (Erläuterungen/Angaben) zum Schaubild, falls vorhanden.
2. Stelle fest, ob es sich um Mengen- oder Prozentangaben handelt.
3. Benenne nun Auffälligkeiten, z. B. auffällig hohe oder niedrige Werte, Unterschiede bei Personengruppen …

11 Gib in der vierten Zeile des Schreibplans die Informationen aus M3 wieder (Aufgabe **1** d).

– Forschungsergebnisse belegen: Nutzer/-innen von Fitnesstrackern treiben mehr Sport, aber nur solange derTracker getragen wird
– der Anreiz das Gerät zu tragen lässt jedoch nach wenigen Monaten nach
– Gründe dafür: …

12 Vergleiche M1, M2 und M3, indem du untersuchst, was die Materialien gemeinsam haben bzw. worin sie sich unterscheiden oder ergänzen (Teilaufgabe **1** e). Erläutere dazu die Aussagen der Materialien in Bezug auf die Frage, inwieweit Fitnesstracker das Bewegungsverhalten der Nutzer positiv beeinflussen.

M1: Das Material gibt an, dass das Tragen einer Fitnesstrackers zu mehr Bewegung und einer gesünderen Lebensweise führen kann, da …
M2: Die Ergebnisse der Umfrage belegen die Aussagen, die in M1 getroffen werden. Sie unterstreichen den positiven Einfluss, den das Sammeln von Gesundheitsdaten per Fitnesstracker auf das Bewegungsverhalten und des Körperbewusstsein der Träger/-innen hat, …
M3: Der Text hat die langfristige Nutzung von Fitnesstrackern im Blick. Er beschäftigt sich darüber hinaus noch mit der weiterführenden Frage, welche Informationen ein Fitnesstracker liefern muss, um für die Nutzerinnen und Nutzer dauerhaft interessant zu sein …

13 Lies die Teilaufgabe **1** f). Mache dir klar, wozu du Stellung nehmen sollst. Erläutere die Aussage der Schülerin im Schreibplan kurz in eigenen Worten.

Eine Schülerin hat gesagt, dass sie der Meinung ist, dass das Tragen eines Fitnesstrackers zu mehr Gesundheitsbewusstsein und einer positiven Veränderung des Bewegungsverhaltens führen kann …

14 Notiere, welchen Standpunkt du vertrittst.

Ich stimme der Meinung der Schülerin zu/nicht zu, weil …

15 Sammle in Gedanken Stichworte zu Teilaufgabe **1** f). Notiere sie in deinem Schreibplan. Notiere auch die Textstellen, die du als Belege in deiner Stellungnahme berücksichtigen willst.

TIPP zu 13 zu 15

1. In der Stellungnahme wird von dir erwartet, dass du dich mit einer Aussage bzw. einem Zitat aus dem Text befasst.
2. Stelle deinen Standpunkt klar und eindeutig dar. Du kannst der Aussage zustimmen, sie ablehnen oder auch einen Kompromiss finden.
3. Begründe deine Position durch nachvollziehbare Argumente und veranschauliche sie durch Beispiele. Beziehe dich dabei auf den Text und auf Erfahrungen aus deinem Umfeld.

Fünfter Schritt: Text schreiben

TIPP zum fünften Schritt

1. Schreibe deinen Text auf ein DiN-A4-Papier. Lasse einen breiten Rand an der Seite, damit du Platz für die Überarbeitung hast.
2. Bringe die Ergebnisse aus deinem Schreibplan in einen **schlüssigen und zusammenhängenden Gedankengang**. Achte darauf, dass du Wiederholungen vermeidest. Wenn du nur markiert und dir Notizen am Rand gemacht hast, nutzt du diese Vorarbeiten als Grundlage für deinen zusammenhängenden Text. Achte beim Schreiben auch hier darauf, dass du Wiederholungen vermeidest.
3. Beziehe dich in deinen Aussagen auf Textstellen, wenn du damit etwas Besonderes herausstellen willst oder deine Aussagen belegen willst.
4. Verwende **Satzverknüpfungswörter**, um deinen Text zusammenhängend zu schreiben.
5. Setze nach jeder Teilaufgabe einen **Absatz**.

16 Verfasse deinen Textvergleich auf einem Extrablatt. Orientiere dich am TIPP zum fünften Schritt auf und nutze die Ergebnisse deiner Vorarbeit sowie die folgenden Textanfänge zu den Teilaufgaben.

Teilaufgabe 1 a): Es liegen drei Materialien vor: M1 ist … / Das gemeinsame Thema lautet …
Teilaufgabe 1 b): M1 schildert, dass Fitnesstracker …
Teilaufgabe 1 c): Das Schaubild M2 bildet eine Umfrage zu … ab. Das Schaubild stellt dar, dass …
Teilaufgabe 1 d): M3 handelt davon, dass … Forschungsergebnisse haben ergeben, dass …
Teilaufgabe 1 e): Während M1 vermehrt die positiven Aspekte von Fitnesstrackern darlegt, … stellen die Aussagen in M3 dar, dass … Die Ergebnisse der Umfrage in M2 wiederum unterstützen …
Teilaufgabe 1 f): Die Aussage der Schülerin, die sagt, dass … kann ich nachvollziehen/nicht nachvollziehen …

Sechster Schritt: Text überarbeiten

17 Überarbeite deinen informierenden Text. Verwende dazu die CHECKLISTE.

CHECKLISTE zur Überarbeitung von Texten (Aufgabentyp 4b)

1. Den Text inhaltlich überprüfen (Inhaltsleistung)

- ☑ Hast du in deinem Text alle Unterpunkte der Aufgabenstellung und die Ergebnisse aus deinem Schreibplan berücksichtigt (Operatoren)?
- ☑ Sind deine Ergebnisse für den Leser nachvollziehbar formuliert?
- ☑ Wurden nachvollziehbare Schlussfolgerungen gezogen, die sich sinnvoll aus den Materialien ergeben?
- ☑ Hast du deine Aussagen am Text belegt?
- ☑ Hast du deine Ergebnisse verknüpft und Zusammenhänge hergestellt?
- ☑ Hast du in der Stellungnahme deine Position durch Begründungen gestützt und Bezug auf die Materialien genommen?

2. Den Text sprachlich überprüfen (Darstellungsleistung)

- ☑ Hast du den Text sinnvoll gegliedert? Ist er durch Absätze überschaubar gestaltet?
- ☑ Hast du unnötige Wiederholungen und unklare Formulierungen vermieden?
- ☑ Kannst du komplizierte Sätze vereinfachen?
- ☑ Hast du Zusammenhänge durch sinnvolle Satzverknüpfungen verdeutlicht?
- ☑ Überprüfe auch Rechtschreibung, Zeichensetzung und Grammatik, denn sie fließen in die Bewertung ein.

➡ Kontrolliere deinen Text mehrfach. Berücksichtige deine persönlichen Fehlerschwerpunkte.

D Prüfungsaufgaben zum Themenbereich „Medien und Kultur"

In diesem Kapitel kannst du zu dem Thema „Medien und Kultur" mehrere Prüfungsbeispiele bearbeiten. Notiere die benötigte Arbeitszeit (siehe Seite 7).

D 1 Leseverstehen: Wenn Hunde Kindern die Angst vor dem Vorlesen nehmen (angeleitetes Üben)

Teil I

Lies zunächst den Text sorgfältig durch und bearbeite die Aufgaben **1** – **12**.

Wenn Hunde Kindern die Angst vor dem Vorlesen nehmen

Andreas Jalsovec

Das „Lesehunde"-Projekt der Johanniter[1] gibt es im Allgäu[2] seit Anfang des Schuljahrs. Einmal pro Woche sind die Hunde zu Gast in der Klasse – und die Kinder sind begeistert.

(1) Gismo scheint diesen Augenblick zu genießen. Der schwarze Labradorhund liegt langgestreckt auf dem Boden – und ein wenig sieht es tatsächlich so aus, als würde er der Geschichte lauschen, die der siebenjährige Luca gerade vorliest. Der Kopf des Hundes lehnt gemütlich am Fuß des Schülers, der in das Buch mit dem Titel „Gespenster im Gepäck" vertieft ist. Neben den beiden sitzt Hundeführerin Claudia Schindele. Sie hilft Luca gelegentlich, wenn er beim Lesen ins Stocken gerät – und lobt ihn, wenn er einen Satz fehlerfrei zu Ende bringt.

(2) Luca ist Schüler in der Klasse 2a der Grundschule auf dem Lindenberg in Kempten. Zusammen mit etwa einem Dutzend anderer Klassenkameraden darf er einmal in der Woche dem Labrador Gismo und dem Schäferhund Endy vorlesen. Die Hunde gehören zum Projekt „Lesehunde" des Regionalverbands Allgäu der Johanniter. Es ist jüngst mit dem Bayerischen Innovationspreis Ehrenamt[3] ausgezeichnet worden. Speziell ausgebildete Hundeführer besuchen dabei seit diesem Schuljahr mit ihren Tieren zwei Grundschulklassen in Kempten und Bad Wörishofen. Die Kinder lesen den Hunden regelmäßig vor. So sollen vor allem leseschwache Schüler ihre Lesefähigkeit verbessern. [...]

(3) „Wir haben sehr viele zappelige Kinder in der Klasse", sagt Lehrerin Ingrid Herrmann: „Kinder, die sich schwertun mit dem Lesen." Als sie von der Idee der Lesehunde hörte, habe sie gedacht: „Das wäre doch was für meine Schüler", berichtet die Pädagogin. Dabei hat Herrmann gehörig Angst vor Hunden. Als die stattlichen Tiere das erste Mal vor der Klassenzimmertür standen, sei sie instinktiv[4] zwei Schritte zurückgewichen, erzählt sie. „Aber die Kinder waren hellauf begeistert."

(4) Am ersten Tag lernten die Grundschüler die Hunde erst einmal kennen. Danach durfte jeder aus der Klasse den Tieren sein Lieblingsbuch präsentieren. Mittlerweile sind es vor allem Kinder mit Lese- und Rechtschreibschwierigkeiten, die den Hunden in einem separaten[5] Klassenzimmer ein Buch ihrer Wahl vorlesen. „Wenn die Hunde da sind, herrscht eine besondere Atmosphäre im Raum", sagt Friederike Mehrhof-Volbert, die das Lesehunde-Projekt bei den Allgäuer Johannitern koordiniert. Der Hund strahle Gelassenheit und Ruhe aus. „Er spottet nicht und hänselt nicht, wenn ein Kind einmal ins Stocken gerät“, meint Mehrhof-Volbert: „Er ist einfach nur da.“

(5) Das reicht offenbar aus, um vielen Kindern die Angst vor dem Lesen zu nehmen. „Ein Hund kann helfen, den Stress beim Lesen abzubauen“, sagt Andrea M. Beetz. Die Erlanger Psychologin und Sonderpädagogin hat mehrere Studien zur Wirkung von Lesehunden auf Schulkinder veröffentlicht. Die Ergebnisse zeigten, dass das Lesen mit Hund „das Potenzial[6] hat, die Lesekompetenz der Kinder deutlich zu verbessern“, meint die Wissenschaftlerin. So hätten in einer Untersuchung mit Drittklässlern jene Kinder, die während der Leseförderung einem Hund vorlasen, deutlich größere Fortschritte bei der Leseleistung erzielt, als Kinder, bei denen kein Hund dabei war. Gleichzeitig waren die Verbesserungen bei den Kindern mit Hund auch dauerhafter – und die Kinder hatten hinterher mehr Spaß am Lesen. „Das heißt: Der Hund wirkt sowohl entspannend als auch motivierend“, erläutert Andrea M. Beetz.

(6) Auf diesen Effekt[7] hofft auch Lehrerin Ingrid Herrmann in ihrer Klasse. Ob sich die Lesefähigkeit der Kinder durch die Hunde wirklich verbessere, müsse man zwar erst einmal abwarten, meint die Pädagogin. „Aber dass die Kinder mehr Selbstvertrauen haben und mehr Freude am Lesen – das merkt man jetzt schon.“ So wie bei der siebenjährigen Amelie: Während ihr Klassenkamerad Luca dem Hund Gismo vorliest, sitzt sie daneben und wartet, bis sie an die Reihe kommt. Ab und zu steht sie auf, um den Hund zu streicheln. „Wenn ich vor der Klasse vorlese, dann lachen einige mich aus“, berichtet sie. „Aber wenn ich dem Hund vorlese, geht es mir gut. Da habe ich dann keine Angst mehr.“

1 **die Johanniter:** gemeinnützige Hilfsorganisation

2 **das Allgäu:** südlicher Landesteil in Bayern

3 **Bayerischer Innovationspreis Ehrenamt:** zeichnet beispielgebende Projekte in allen Bereichen des bürgerschaftlichen Engagements aus

4 **instinktiv:** ohne nachzudenken, gefühlsmäßig

5 **separat:** besonders abgegrenzt, getrennt

6 **das Potenzial:** hier: die Möglichkeit

7 **der Effekt:** die Wirkung, der Erfolg

Sonntagsblatt – 360° EVANGELISCH, Evangelischer Presseverband für Bayern e.V. (EPV), München, 08.01.2017, https://www.sonntagsblatt.de/artikel/bayern/wenn-hunde-kindern-die-angst-vor-dem-vorlesen-nehmen (Zugriff 02.01.2019)

LÖSUNGSHILFEN zu 1 – 12

1 Nicht gleich in die Aufgaben stürzen! Erschließe zuerst den Text wie in B 3 (S. 21) dargestellt:
- Kläre unbekannte Begriffe.
- Unterstreiche wichtige Schlüsselstellen.
- Formuliere am Rand Überschriften oder Stichwörter zu den Sinnabschnitten.

Du findest zu den Aufgaben dann schnell die Textstellen.

2 Lies dann jede Aufgabe gründlich. Markiere darin die Schlüsselwörter, die sagen, was du tun sollst. Achte darauf, ob in der Aufgabenstellung der Singular oder Plural verwendet wird: Kreuze die richtige/n Antwort/en an. So weißt du, ob du eine oder mehrere Antworten ankreuzen musst.

AUFGABEN 1 – 12

TIPP Richtige Aussagen ankreuzen

Suche zu jeder Aussage die passende Stelle im Text und unterstreiche sie. Überprüfe genau, ob die Textstelle mit der Aussage unten übereinstimmt bzw. worin sich Text und Aussage unterscheiden. Achte auf Wortwahl, Fragestellung und Schlüsselwörter.

1 Kreuze die richtige Antwort an.

Der an dem Projekt beteiligte Hund „Gismo“ reagiert während des Vorlesens (Abschnitt 1), indem er ...

a) den Eindruck macht, als wäre er gelangweilt. ☐
b) den Eindruck macht, als höre er interessiert zu. ☒
c) auf dem Boden zusammenbricht. ☐
d) interessiert ins Buch schaut. ☐

2 Kreuze die richtige Antwort an.

Die Hundeführerin Claudia Schindele begleitet Luca beim Lesen (Abschnitt 1), indem sie ...

a) ihn beim flüssigen Lesen unterstützt. ☒
b) den Hund lobt. ☐
c) ihn drängt, fehlerfrei zu lesen. ☐
d) ihm aus einem Buch vorliest. ☐

3 Kreuze die richtige Antwort an.

Das Ziel des Projektes „Lesehunde“ ist es, ...

a) Schülern die Angst vor Hunden zu nehmen. ☐
b) Schülern die Angst vor der Schule zu nehmen. ☐
c) Hunden Abwechslung zu verschaffen. ☐
d) Schüler zu besseren Lesern zu machen. ☒

4 Erläutere im Textzusammenhang, wie das Projekt „Lesehunde“ (Abschnitt 2) durchgeführt wird.

____
____
____
____
____
____
____

TIPP zu **4**

Den Textzusammenhang berücksichtigen

1. Mache dir klar, was du erläutern sollst (z. B. Wie läuft das Projekt Lesehunde ab?).
2. Spüre die passende Textstelle in dem genannten Abschnitt (hier: Abschnitt 2) auf und unterstreiche sie.
3. Formuliere die Antwort mit eigenen Worten: *Das Projekt Lesehunde läuft folgendermaßen ab: ...*

5 Kreuze die richtige Antwort an.

„Wir haben sehr viele zappelige Kinder in der Klasse“ (Abschnitt 3, Z. 21) bedeutet, dass ...

a) es in der Klasse viele unruhige Schüler gibt. ☒
b) die Schüler sehr motiviert sind. ☐
c) sich die Schüler besonders auf die Hunde freuen. ☐
d) die Schüler sehr gerne lesen. ☐

6 Ordne die Namen der linken Spalte den Personen und Hunden der rechten Spalte zu (Abschnitt 1, 2, 3). Notiere den richtigen Buchstaben in den Kästchen.

a) Endy	e	Pädagogin
b) Luca	a	Schäferhund
c) Gismo	d	Hundeführerin
d) Claudia Schindele	c	Labrador
e) Ingrid Herrmann	b	Schüler

7 Kreuze die richtige Antwort an.

Die Hunde sind besonders für die Schüler in der Klasse da (Abschnitt 4), ...

a) die den Hunden ihr Lieblingsbuch vorstellen möchten. ☐
b) denen es schwerfällt, richtig zu schreiben und flüssig zu lesen. ☒
c) die Angst vor Tieren haben. ☐
d) denen es leichtfällt, zu lesen. ☐

TIPP zu 8

Aussagen im Textzusammenhang erläutern

1. Markiere die angegebene Textstelle.
2. Mache dir klar, was die Textaussage bedeutet (z. B. Was bedeutet Stress?)
3. Schlage unbekannte Begrifflichkeiten im Wörterbuch nach, erschließe sie aus dem Textzusammenhang oder orientiere dich an den vorhandenen Worterklärungen unter dem Text.
4. Lies die Textaussagen, die vor oder hinter der angegebenen Textstelle stehen, und unterstreiche die zu der Textaussage passenden Aussagen bzw. Schlüsselwörter (z. B. Angst vor dem Lesen nehmen, ...).
5. Formuliere die Antwort mit eigenen Worten: *Mit der Aussage „Ein Hund kann helfen, ...“ (Z. 38) ist gemeint, dass ...*

8 *„Ein Hund kann helfen, den Stress beim Lesen abzubauen.“* (Abschnitt 5, Z. 38).
Erläutere im Textzusammenhang, was diese Aussage bedeutet.

___

___

___

___

9 Kreuze die richtige Antwort an.

Den positiven Einfluss der Hunde auf das Lesevermögen zeigen nach Aussage der Psychologin Andrea M. Beetz die Ergebnisse (Abschnitt 5) ...

a) eines chemischen Experiments. ☐

b) eines Tierversuchs. ☐

c) einer wissenschaftlichen Untersuchung. ☒

d) einer staatlichen Prüfung. ☐

TIPP zu 9

Wortbedeutungen unterscheiden

Bei vorgegebenen Antworten, die sich nur durch verschiedene Begriffe (z. B. Experiment/Tierversuch ...) unterscheiden, vergewissere dich, dass du die Bedeutung der Wörter und die Unterschiede zwischen den Bedeutungen im Zusammenhang ermittelst.

10 Kreuze die richtige Antwort an.

Die Schüler schätzen an den Hunden im Unterricht (Abschnitt 6), dass diese ...

a) sich nicht über die Schüler lustig machen. ☒

b) sich ausführen lassen. ☐

c) den Schülern Zeit für Pausen geben. ☐

d) sich von den Schülern füttern lassen. ☐

11 Kreuze die richtige Antwort an.

Die Lehrerin Ingrid Herrmann stellt fest (Abschnitt 6), dass ...

a) die Schüler bereits jetzt viel besser lesen. ☐

b) die Schüler jetzt schon selbstsicherer sind. ☒

c) die Schüler jetzt schon besser abwarten können. ☐

d) die Schüler jetzt neugieriger sind. ☐

12 Nach dem Lesen des Textes sagt ein Schüler:

„Das Projekt „Lesehunde“ sollte in allen Schulen verbindlich eingeführt werden.“

Schreibe eine kurze Stellungnahme zu dieser Aussage. Du kannst der Auffassung zustimmen oder nicht. Wichtig ist, dass du deine Meinung begründest.
Beziehe dich dabei auf den Text.

Begründung:

Ich stimme der Aussage des Schülers, dass ...

zu/nicht zu, denn ...

____

____

____

____

____

TIPP zu 12

Zu einer Aussage Stellung nehmen

1. Entscheide dich für eine der beiden Möglichkeiten: *Ich stimme zu/nicht zu.*
2. Überfliege den Text noch einmal und markiere Textaussagen, die deine Auffassung unterstützen.
3. Greife zu Beginn die Aussage, zu der du dich äußern willst, noch einmal auf.
4. Beziehe dich bei deiner Begründung auch auf die markierten Textaussagen *(Ein Hund kann helfen, den Stress beim Lesen abzubauen ..., Z. 38).*

D 2 Original-Prüfung 2022: Leseverstehen: „Petfluencer" als Werbebotschafter (selbstständiges Üben)

Teil I

Lies zunächst den Text sorgfältig durch und bearbeite anschließend die Aufgaben **1** – **11**.

„Petfluencer" als Werbebotschafter *[unbekannter Verfasser]*

Ging es früher im Fernsehen nur vereinzelt tierisch zu, sind Vierbeiner heute beliebte Werbeträger in Sozialen Medien. Die sogenannten Petfluencer preisen zum Beispiel Hundefutter und Katzenstreu an – und die Stars der Szene werden selbst zum Produkt.

(1) Etwas Besseres als Milchreis an kalten Tagen gibt es nicht. In eine warme Decke gehüllt hält Hundebesitzerin Nicole Lenhardt die warme Schüssel mit der Werbebotschaft in die Kamera und strahlt mehr als 54.000 Instagram-Follower an. Milo, ihr pelziger Wolfshund, sitzt brav zum Kuscheln bereit. Er hat bestimmt schon das getreidefreie Hundefutter in seinen Napf bekommen, das Nicole Lenhardt, genannt „Nici", zwei Tage zuvor auf Instagram angepriesen hat. Und bald schon kann er sich durch den Hunde-Adventskalender futtern, den es beim Discounter gibt, wie Nicole Lenhardt weiß. Mit Hilfe ihres treuen Vierbeiners, mit täglichen Fotos, Filmchen und natürlich mit Werbepartnern ist die 27-jährige Stuttgarterin über die Internet-Plattformen so erfolgreich geworden, dass sie vor kurzem ihren Job aufgegeben und sich selbstständig gemacht hat.

(2) Als „Petfluencer" (Pet: englisch für „Haustier") unterhalten Katzen und Hunde wie Milo, aber auch Pferde, Hasen und sogar Igel und Insekten Millionen sogenannter Follower weltweit. Hier ein Terrier mit neuer Wurmkur[1], dort eine schlafende Katze oder ein Mops mit einem Leckerli-Beutel aus Samt – „Menschen wollen ihren Alltag positiv aufladen. Sie suchen Zerstreuung und einen Zeitvertreib", sagt Jonas Wolf von „Pulse", einer Hamburger Agentur für Influencer-Marketing. Und da die gelegentlich eingestreute Werbung bei Instagram als solche kenntlich gemacht werde, gebe es auch kaum versteckte Kommerzfallen[2].

(3) Nicht immer aber sind die Darstellungen auf den Fotos so artgerecht wie bei Nicole und ihrem Wolfshund, meistens sind die Tiere in Szene gesetzt – sehr zum Ärger der Tierschützer: „Es ist eine Grenze erreicht, wenn man Tiere vermenschlicht, wenn man sie verkleidet und das auch zur Belustigung macht." In vielen Fällen seien Qualzuchten[3] und vergleichsweise hässliche Tiere bei Instagram erfolgreich, diese Tiere leiden unter vorstehenden Zähnen oder entwickeln starre Blicke, sie bekommen schlecht Luft und normal kauen können sie auch nicht.

(4) Dennoch macht der Erfolg bei den Followern sie als Werbeträger so begehrt, dass sich ein eigener Berufszweig aus Agenturen und Beratern entwickelt hat. Während Milo bereits zu den größeren Petfluencern auf dem deutschen Markt gehört, sind vor allem die Tiere aus weit entfernten Ländern Superstars der Szene. Zwergspitz Jiffpom stellt mit seinen 9,6 Millionen Followern alles in den Schatten, er hat wie einige andere bereits eine eigene Fanartikel-Kollektion. Der Einsatz zahlt sich aus: Nach Schätzungen kann sein Frauchen mit jedem

Instagram-Post zwischen 45.000 und 150.000 Dollar (ca. 41.000 und 135.000 Euro) umsetzen.

(5) Ähnliche Summen sind in Deutschland mit den Accounts[4] der Dackel, Siamkatzen oder Meerschweinchen nicht annähernd zu machen; das ist kein Markt, auf dem sich schnell Geld verdienen lässt, aber die Szene wächst. Vor allem die Heimtierbranche beschäftigt sich intensiv mit dem Thema und den digitalen Werbechancen – wenig überraschend bei alleine etwa 9,4 Millionen Hunden und 14,8 Millionen Katzen in Deutschland. Die Zielgruppe ist riesig, und je genauer man sie anspricht und seine Botschaft platziert, desto mehr zahlt es sich aus. Nicht nur für ein Unternehmen wie beispielsweise eine bekannte Tierfutterkette, sondern auch für die Halterinnen und Halter der Petfluencer.

(6) Einer der deutschen Topstars war der Weißbauchigel[5] Mr. Pokee aus Wiesbaden, den seine Besitzerin Talitha Girnus nach seinem Tod durch den Igel Herbee ersetzte. Herbee tritt nun immer an der Seite der Katze Audrey auf. Angestachelt[6] durch den Erfolg ihres Igels gründete Girnus vor drei Jahren ein Merchandising-Unternehmen[7], über das sie online unter anderem Kalender verkauft. Dieses Unternehmen baut ebenso wie Lenhardt auf Instagram und die Zahl der Follower. Wie man die bekommt? „Man muss sich immer wieder mit neuen Ideen präsentieren, sich aber trotzdem selber treu sein, auch mal etwas Privates verraten und vor allem nicht zu viel und nicht zu platt werben", sagt Lenhardt. „Follower müssen sich mit dir identifizieren können." Wochenlang teste sie zudem alles, bevor sie es empfehle. Und von den Produkten sei sie überzeugt: „Ich nehme nur eine von zehn Anfragen an."

(7) Mit dem Account wolle sie zudem über den Wolfshund informieren, sagt die gelernte Finanzbuchhalterin. Planen könne man den Erfolg als Influencer aber ohnehin nicht: „Ursprünglich hab' ich für Milo nur einen eigenen Account eröffnet, damit ich meinen Freundeskreis nicht so sehr mit den Hundefotos nerve." Neben Einblicken und professionellen Fotos könne dann auch hin und wieder ein Produkt platziert werden. Und ist das Tier bereits bekannt genug, könne man mit dessen Abbildung auch Bücher, Stickersets, Handyhüllen oder T-Shirts vermarkten.

1 **Wurmkur:** Medikament, das gegen Würmer wirkt, die Magen und Darm von Tieren befallen können
2 **versteckte Kommerzfalle:** Werbung, die auf den ersten Blick nicht als solche erkennbar ist
3 **Qualzucht:** gezielte Züchtung von Merkmalen, die Menschen gefallen, für die betroffenen Tiere jedoch erhebliche Nachteile haben, z. B. in Form von gesundheitlichen Schäden
4 **Account:** *hier:* Benutzerprofil auf einer Internetplattform
5 **Weißbauchigel:** eine afrikanische Igel-Art, die als Haustier gehalten wird
6 **anstacheln:** antreiben, motivieren, hier auch als Wortspiel mit einer Doppelbedeutung (Anspielung auf die Stacheln eines Igels)
7 **Merchandising-Unternehmen:** Unternehmen, das mit Fanartikeln handelt

https://www.wort.lu/de/panorama/petfluencer-als-werbebotschafter-5ddbc971da2cc1784e3507fe, 25.11.2019 (Zugriff: 25.02.2022, Text geringfügig verändert)

AUFGABEN zum Leseverstehen

1 Kreuze die richtige Antwort an.

Nicole Lenhardt hat ihren Job aufgegeben (Abschnitt 1), weil sie ...

a) nun für einen Discounter Hundefutter vertreibt. ☐
b) nur noch Zeit mit ihrem Hund Milo verbringen will. ☐
c) andere Hunde- und Tierbesitzer zum Thema Social Media berät. ☐
d) jetzt mit der Vermarktung ihres Hundes Geld verdienen kann. ☐

2 Kreuze die richtige Antwort an.

Durch die Aussage *„In eine warme Decke gehüllt hält Hundebesitzerin Nicole Lenhardt die warme Schüssel mit der Werbebotschaft in die Kamera [...]“* (Z. 1 – 3) wird deutlich (Abschnitt 1), dass Nicole ...

a) meist sehr leicht friert. ☐
b) gerade ihren Hund füttert. ☐
c) ihre Werbeauftritte anschaulich gestaltet. ☐
d) in einem professionellen Fotostudio arbeitet. ☐

3 Erläutere die Aufgabe von „Petfluencern“ aus der Sichtweise von Jonas Wolf im Textzusammenhang (Abschnitt 2).

____
____
____
____
____

4 Kreuze die richtige Antwort an.

Tierschützer äußern die Ansicht (Abschnitt 3), dass ...

a) viele Tiere nicht artgerecht untergebracht sind. ☐
b) Tiere genauso wie Menschen behandelt werden sollten. ☐
c) Tiere mit vorstehenden Zähnen keinen Werbegewinn bringen. ☐
d) der Einsatz von Tieren zu Werbezwecken problematisch sein kann. ☐

5 Kreuze die richtige Antwort an.

Laut Auskunft des Textes ist ein eigener Berufszweig entstanden (Abschnitt 4), um ...

a) berechtigte Forderungen von Tierschützern umzusetzen. ☐
b) von der großen Nachfrage nach Tieren als Werbeträgern zu profitieren. ☐
c) Tiere aus Deutschland gezielt in weit entfernten Ländern bekannt zu machen. ☐
d) über Instagram eigene Kleidungsartikel für Tiere zu verkaufen. ☐

6 Ordne die folgenden Überschriften den richtigen Abschnitten 2 – 5 zu.

	Überschrift	Textabschnitt (2 – 5)
a)	Wachsender Markt in Deutschland	
b)	Weltweiter Vermarktungserfolg	
c)	Allgemeine Funktion von Petfluencern	
d)	Das Leiden von Tieren als Werbeträgern	

7 Erläutere den Zusammenhang zwischen der Abbildung und dem Text.

____

____

____

____

____

Shutterstock.com, kuban_girl, New York (Aus rechtlichen Gründen weicht die Darstellung von der Darstellung in der Original-Prüfungsarbeit ab.)

8 Kreuze die richtige Antwort an.

Im Zusammenhang mit verschiedenen Auskünften über den Igel Herbee wird auch ausgesagt (Abschnitt 6), dass ...

a) dessen Besitzerin online auch Kalender verkauft. ☐
b) er später unter dem Namen Mr. Pokee bekannt wurde. ☐
c) dessen Besitzerin ein erfolgreiches Unternehmen gekauft hat. ☐
d) er bis zu seinem Tod ein deutscher Topstar war. ☐

9 Erläutere Nicole Lenhardts Aussage „Ich nehme nur eine von zehn Anfragen an“ (Z. 59) im Textzusammenhang (Abschnitt 6).

____

____

____

____

10 Kreuze die richtige Antwort an.

Laut Lenhardt kann eine Vermarktung z. B. von Büchern oder T-Shirts mit dem Abbild eines bestimmten Tieres dann erfolgreich sein (Abschnitt 7), wenn ...

a) von diesem schon professionelle Fotos bestellbar sind. ☐
b) ein dazu gebildeter Freundeskreis sich dafür einsetzt. ☐
c) dieses bereits die nötige Bekanntheit erlangt hat. ☐
d) das Tier noch möglichst unbekannt ist. ☐

11 Eine Schülerin sagt nach dem Lesen des Textes: *„Tiere als Petfluencer einzusetzen, dient nur den Interessen ihrer Besitzerinnen und Besitzer.“*

Schreibe eine kurze Stellungnahme zu dieser Aussage.Du kannst der Auffassung zustimmen oder nicht. Wichtig ist, dass du deine Meinung begründest. Beziehe dich dabei auf den Text.

____

____

____

____

D 3 Aufgabentyp 2: Dialekte (angeleitetes Üben)

Teil II

Lies bitte zunächst die Aufgabe und dann die Materialien aufmerksam, bevor du mit dem Schreiben beginnst.

Situation:
An deiner Schule findet ein Projekttag zum Thema „Sprachenreichtum an unserer Schule“ statt. Zur Vorbereitung soll ein Ordner mit Informationen erstellt werden, der allen Schülerinnen und Schülern sowie Lehrkräften zur Verfügung steht. Du bist gebeten worden, für diesen Ordner einen informierenden Text zum Thema „Dialekte“ zu verfassen. Um deinen Text schreiben zu können, bekommst du eine Materialsammlung (M1 – M5).

AUFGABENSTELLUNG

1 **Verfasse** auf der Grundlage der Materialien M1 – M5 einen **informierenden Text** zum Thema „Dialekte“. Schreibe nicht einfach aus den Materialien ab, sondern achte auf eine eigenständige Darstellung in einem zusammenhängenden Text. Gehe dabei so vor:

a) **Formuliere** für den Text eine passende Überschrift.
b) **Schreibe** eine Einleitung, in der du kurz **erklärst**, was man unter einem Dialekt versteht.
c) **Stelle dar**, welche Vorteile es hat, wenn man einen Dialekt spricht.
d) **Erläutere**, welche unterschiedlichen Meinungen zum Thema „Dialekte“ geäußert werden.
e) **Beurteile** anhand der Materialien und eigener Überlegungen, warum es von Vorteil sein könnte, an Schulen eine Dialekt-AG einzurichten.

M1 Definition

a) Ein Dialekt ist ein eigenes „sprachliches System“, das eigene Regeln hat und parallel zur Standardsprache funktioniert.

Sabine Kaufmann, Planet Wissen, Westdeutscher Rundfunk, Köln (https://www.planetwissen.de/geschichte/deutsche_geschichte/geschichte_der_dialekte/index.html, Zugriff: 03.12.21)

b) [...] „Dialekt“ kommt aus dem Griechischen und bedeutet so viel wie „Gespräch“ oder „Redeweise“. Ein deutsches Wort dafür ist „Mundart“. [...] Gemeint ist die Sprechweise der Menschen, die in einem bestimmten Gebiet leben.

Klexikon/Zentrale für Unterrichtsmedien im Internet e. V., Gerabronn (https://klexikon.zum.de/wiki/Dialekt, Zugriff: 03.12.21)

M2 Immer mehr Menschen wollen ihren Dialekt loswerden (2018)

Kurse zum Dialekt-Abgewöhnen sind im Kommen. Einer davon findet im Allgäu statt. Warum Mundart-Sprecher daran teilnehmen und welche Tücken das Süddeutsche hat.

Auf dem Spitzenplatz der unbeliebtesten Dialekte landet regelmäßig das Sächsische, das haben in der Vergangenheit mehrfach Umfragen ergeben. Das Bayerische und der norddeutsche Zungenschlag rangieren hingegen auf der Hitliste der sympathischsten Dialekte meist weit oben. Auch das Allgäuerische sei sehr beliebt, sagt Ariane Willikonsky – und trotzdem bringt sie in Bolsterlang bei Oberstdorf Einheimischen Hochdeutsch bei. Denn: Beliebtheit

M2

hin oder her, viele Menschen würden statt ihres Dialektes lieber Hochdeutsch sprechen. „Viele verbinden mit Allgäuerisch Urlaub", sagt die Sprachtrainerin. Aber: „Im Beruf kann die Wirkung ganz anders sein." Denn je hochdeutscher jemand spreche, desto mehr Kompetenz werde ihm zugetraut [...] Auch wenn sie [die Süddeutschen] Englisch oder Französisch sprechen, höre man den Dialekt durch und damit ein ländliches Image. „Eigentlich bräuchte man keine Hochdeutsch-Kurse", sagt sie. „Aber immer mehr Menschen sind beruflich überregional tätig und wollen verstanden werden. Es ist erleichternd, wenn sie sich im Gespräch oder Vortrag nicht auf die Sprache konzentrieren müssen." [...] Die meisten Menschen haben heute nur noch eine dialektale Färbung[1]. Vor allem in Städten sprechen die Kinder Hochdeutsch. Über ein mögliches Schulfach „Mundart" wird daher immer wieder diskutiert. Wissenschaftlicher Konsens[2] ist dabei, dass Dialektkinder, die auch Hochdeutsch beherrschen, sprachlich vergleichbar sind mit mehrsprachig aufwachsenden Kindern.
Ein weiterer Vorteil: In der Mundart gibt es auch einen größeren Wortschatz. Längst existieren spezielle Unterrichtsmaterialien für die Dialektförderung, doch nach Angaben des Bayerischen Lehrer- und Lehrerinnenverbandes ist es noch ein weiter Weg: Dialekt genieße zwar eine breite Akzeptanz, werde jedoch an nur wenigen Schulen aktiv gefördert. Obwohl die Akzeptanz für die Mundart vielerorts also da ist – nicht zuletzt weil sie sympathisch wirkt –, gibt es zahlreiche Einrichtungen, die das Hochdeutsche forcieren wollen. Und so ist die Allgäuer Sprachschule beileibe kein Unikum[3]. In vielen Städten gibt es Kurse, bei denen sich Schwaben, Württemberger oder Rheinländer ihren Dialekt abtrainieren können. Ein Düsseldorfer Sprachinstitut etwa bietet ebenfalls unter dem Motto „So werden Sie Ihren Dialekt los und sprechen akzentfrei" Seminare an. Die Rheinländer betonen: „Dabei geht es nicht darum, die eigene Herkunft und Heimat zu verleugnen. Regionale sprachliche Besonderheiten sind schützenswert und tragen zur Sprachvielfalt bei." [...]

1 **dialektale Färbung:** d. h. man hört aufgrund der Laute und bestimmter Worte den Dialekt heraus

2 **wissenschaftlicher Konsens:** die Übereinstimmung der Wissenschaftler

3 **Unikum:** Einzelerscheinung

Hochdeutschkurse zum Dialekt-Abgewöhnen sind im Kommen © dpa; nach: Augsburger Allgemeine: https://www.augsburger-allgemeine.de/bayern/Immer-mehr-Menschen-wollen-ihren-Dialekt-loswerden-id51009126.html, 02.05.2018; Zugriff: 26.01.2019

M3 „Dialekt fördert Intelligenz" *Julia Vogelmann*

Regionale Sprachfärbungen und das Hochdeutsche müssen nicht in Konkurrenz stehen. Wer seinen örtlichen Dialekt gut beherrscht, hat mit der Schriftsprache weniger Probleme.

In den 70er-Jahren war man sich einig, dass Dialekt eine Sprach- und Bildungsbarriere[1] darstellt. Mundart[2] wurde gleichgesetzt mit schlechtem Bildungsstand. Heute weiß man, dass dies ein Irrtum ist [...] Was man heute sicher weiß: Wer in der Lage ist, zwischen Dialekt und Hochsprache hin- und herzuwechseln, wer die Übersetzungsleistung bringen kann, die dazu erforderlich ist, der zeigt schon einmal ein erhebliches Maß an Intelligenz.
Dialekt, betrachtet man ihn von der Warte des Nicht-Verstehens aus, ist kein defizitäres[3] Sprachsystem, sondern eine natürlich gewachsene Fremdsprache, mit eigener Struktur, Grammatik und einem Wortschatz, der weit facetten-

M3

reicher[4] ist, als der der Hochsprache. Aus diesem Blickwinkel betrachtet ist für viele Kinder vor allem im ländlichen Raum Dialekt die Erst- oder wenn man so will Muttersprache, die die Sprachbegabung eher fördert, anstatt wie früher angenommen, zu bremsen. Auch deshalb hat Dialekt nicht nur ein immer besseres Image, mit dem man sich mitunter sogar gerne schmückt, sondern auch einen festen Platz im Lehrplan der Schulen. [...] Dass Kinder, die den Dialekt schon in die Wiege gelegt bekommen haben, einen sprachlichen Vorteil haben, davon ist Koch [Schulleiter in Crailsheim] überzeugt. „Schüler, die ausschließlich mit Hochdeutsch aufwachsen, haben teilweise größere Schwierigkeiten, die mündliche Sprache in die schriftliche Form zu bringen“, sagt er und zitiert eine Studie der Universität Oldenburg, die über Jahre hinweg Aufsätze von Dritt- und Sechstklässlern untersuchte und zu dem Ergebnis kam, dass Mundart sprechende Kinder 30 Prozent weniger Rechtschreibfehler machten. Auch was den Wortschatz angeht, profitieren Kinder vom Dialekt, denn der ist im Ausdruck oft facettenreicher und nuancierter und bietet somit mehr Ausdrucksmöglichkeiten als die Hochsprache. Jetzt aber herzugehen und zu sagen „dann sprechen wir nur noch Dialekt“ wäre verkehrt, denn Kinder profitieren tatsächlich nur davon, wenn die innere Mehrsprachigkeit gefördert wird. [...]

1 **Sprach- und Bildungsbarriere:** Hindernis in Verständigung und Bildung

2 **die Mundart:** regional auftretender Dialekt

3 **defizitär:** durch Mängel gekennzeichnet

4 **facettenreich:** vielfältig

Julia Vogelmann: Dialekt fördert Intelligenz. Haller Tageblatt, Hohenloher Tagblatt & Rundschau, 29. Oktober 2016

M4 Die Dialekte von Nordrhein-Westfalen

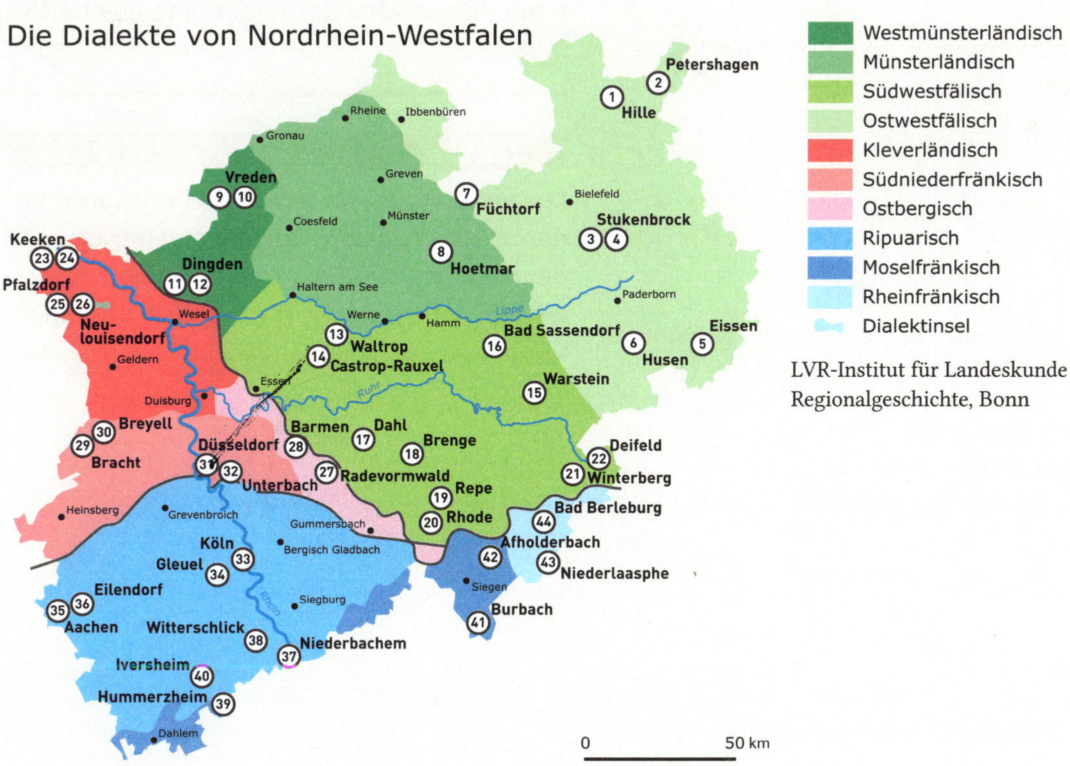

LVR-Institut für Landeskunde und Regionalgeschichte, Bonn

M5 Meinungen zu Dialekten

a) [...] Alltagstauglich ist Plattdeutsch nicht mehr. Trotzdem sollten Schüler lernen, die heimische Mundart zu verstehen und zu sprechen. Denn das Platt ist ein Teil des kulturellen Erbes, das erhalten werden muss. Doch die Sprache lässt sich nicht wie ein historisches Gebäude unter Denkmalschutz stellen, sie muss auf andere Weise gepflegt werden – am effektivsten, indem das Wissen an die junge Generation weitergegeben wird. Und auch die Schüler haben am Ende etwas davon: Wer früh eine zweite Sprache lernt, hat es später bei weiteren Fremdsprachen leichter.

Frank Tischhart: Pro und Contra: Mehr Plattdeutsch-Unterricht an Schulen. Westfalenpost, FUNKE Medien NRW, Essen, 21.10.2017

b) Dialekte gehören nicht in die Schule. Dort soll die korrekte deutsche Rechtschreibung und Grammatik gelernt werden. Und den Fremdsprachenunterricht gibt es schließlich auch noch! Wer Bayerisch, Ruhrdeutsch oder Plattdeutsch sprechen will, kann das zuhause tun.

LÖSUNGSHILFEN zu 1 a) – e)

1 Führe den ersten und zweiten Arbeitsschritt durch (siehe C 1.5, S. 30).

2 Lege dir eine Tabelle als Schreibplan an (siehe C 1.5, S. 35) oder nutze die Kopiervorlage in Kapitel C 1.4, S. 29.

3 Notiere im Schreibplan Stichpunkte für eine passende Überschrift (Teilaufgabe **1** a).

Dialekte: Mundart sprechen oder nicht?/
Dialekte: Bildungsbarriere oder Intelligenzförderer?

4 Notiere im Schreibplan, was man unter Dialekten versteht (Teilaufgabe **1** b).

– „Mundart“, Sprache eines bestimmten Gebietes
– sehr verbreitet: Sächsisch, Bayerisch, …
– eigenes sprachliches System, eigene Regeln
– Gegenteil: Hochdeutsch …

5 Liste stichpunktartig die Vorteile auf, die das Sprechen eines Dialekts mit sich bringt (Teilaufgabe **1** c).

Vorteile:
– kann sympathisch wirken
– Sprechen eines Dialektes bringt die gleichen Vorteile wie das Aufwachsen mit mehreren Sprachen …
– größerer Wortschatz …
– Bewahrung von Traditionen …
– …

Nachteile:
– manche Dialekte werden als unangenehm empfunden
– …

TIPP zu 3

Denke daran, deinem Info-Text eine Überschrift zu geben. Du kannst dich dazu an den Überschriften der Materialien 1 bis 5 orientieren, diese abändern oder eine eigene formulieren.

TIPP zu 4 bis 7

Markiere in den Materialien alle Informationen, die sich auf eine Teilaufgabe beziehen, in der gleichen Farbe. So kannst du die Textstellen den Teilaufgaben übersichtlich zuordnen.

6 Notiere im Schreibplan stichwortartig, welche Meinungen zum Thema „Dialekte“ in den Materialien genannt werden (Teilaufgabe **1** d).

– *es gibt beliebte/unbeliebte Dialekte*
– *Dialekte sind im Beruf störend: Berufstätige sind überregional tätig, sprechen daher Hochdeutsch ...*
– *wer Dialekt spricht, verfügt über weniger Kompetenz ...*
– *Dialekte verlieren an Akzeptanz ...*
– *Widerspruch: Dialekt als Bildungsbarriere / als Zeichen hoher Intelligenz ...*
– *...*

7 Notiere im Schreibplan Stichpunkte dazu, warum es von Vorteil sein kann, wenn Schulen eine Dialekt-AG anbieten würden (Teilaufgabe **1** e).

– *regionale Traditionen werden nicht vergessen, ...*
– *Bereicherung des Schullebens durch Brauchtumspflege, z. B. durch Feste, Kostüme, Dialekte ...*
– *Möglichkeit für außerschulische Partnerschaften, zum Beispiel mit älteren Menschen, die noch Dialekt sprechen*
– *Sprachförderung: Dialekt sprechende Kinder machen weniger Rechtschreibfehler, verfügen über größeren Wortschatz*
– *...*

TIPP zu 7

Suche in den Materialien gezielt nach Informationen zu der genannten Aussage (Beispiel: *Mundart sprechende Kinder sind besser in Grammatik und Rechtschreibung (M3) = Sprachförderung durch Dialekt-AG*).
Ziehe mithilfe der Aussagen und Beispiele in den Materialien eigene Schlussfolgerungen. Orientiere dich dabei an der Teilaufgabe (hier: Teilaufgabe **1** e).

8 Schreibe deinen informierenden Text. Du kannst die folgenden Formulierungsvorschläge verwenden.

1 a) Überschrift:
Dialekte: Bildungsbarriere oder Intelligenzförderer?

1 b) Einleitung (Erklärung „Dialekt“):
„Moin“, „Guet gaon“, „Schön, dat de do bess!“ – Diese Begrüßungen haben die meisten von uns doch schon mal gehört. Doch was versteht man eigentlich unter dem Begriff „Dialekt“? Der Begriff stammt aus dem Griechischen und bedeutet so viel wie „...“ ...

1 c) Hauptteil (Vorteile eines Dialekts):
Für die Kinder und Jugendlichen, die mit einem Dialekt aufwachsen, bietet das Sprechen einer Mundart viele Vorteile, denn ...

1 d) Hauptteil (Unterschiedliche Meinungen zu Dialekten):
Dennoch fallen die Meinungen zum Thema Dialekte unterschiedlich aus. Einerseits gibt es Dialekte, wie das Bayerische, die als beliebt gelten. Andere Dialekte, wie das Sächsische, werden als unangenehm empfunden. Auch die Meinungen dazu, ob ein Dialekt im Berufsleben eher hinderlich oder förderlich ist, gehen auseinander ...

1 e) Schluss (Urteil dazu, ob eine Dialekt-AG Vorteile mit sich bringen könnte):
Die These, dass eine Dialekt-AG an Schulen Vorteile mit sich bringt, kann durch verschiedene Aussagen in den Materialien gestützt werden. Der Schulleiter Koch aus Crailsheim sagt zu diesem Thema, dass er überzeugt ist, dass ...

9 Überarbeite deinen informierenden Text mithilfe der CHECKLISTE auf Seite 37.

D 4 Original-Prüfung 2022: Aufgabentyp 2: Plastik vermeiden (selbstständiges Üben)

Teil II

Lies bitte zunächst die Aufgabe und dann die Materialien aufmerksam, bevor du mit dem Schreiben beginnst.

Situation:
Auf dem Pausenhof deiner Schule liegt immer wieder Plastikmüll herum. Von deinen Freundinnen und Freunden erfährst du, dass die Umwelt-AG deiner Schule gerade eine Sonderausgabe der Schülerzeitung zum Thema „Plastik“ erstellt.
Du hast angeboten, für diese Ausgabe einen informierenden Text über die Vermeidung von Plastik zu verfassen. Zu diesem Zweck werden dir von der Umwelt-AG Materialien (M1 – M5) zur Verfügung gestellt.

AUFGABENSTELLUNG

Verfasse auf der Grundlage der Materialien M1 – M5 einen informierenden Text zum Thema „Plastik vermeiden“. Schreibe nicht einfach aus den Materialien ab, sondern achte auf eine eigenständige Darstellung in einem zusammenhängenden Text.

Gehe dabei so vor:

- **Formuliere** für deinen Text eine passende, zum Lesen anregende Überschrift.
- **Erkläre** einleitend, warum insbesondere Plastikmüll ein Problem für die Umwelt ist.
- **Stelle dar**, wie die Vermeidung von Plastik im Alltag umgesetzt werden kann.
- **Erläutere** die Schwierigkeiten, die bei der Vermeidung von Plastik entstehen.
- **Beurteile** anhand der Materialien und eigener Überlegungen, welche Vorteile die Vermeidung von Plastikmüll für das Leben der Menschen haben könnte.

M1 Kampagne[1] „Weniger ist mehr“ *[unbekannter Verfasser]*

In Deutschland fällt nach wie vor zu viel Plastikmüll an. [...] Besonders Einweg-Plastik, das oft nur kurze Zeit genutzt und dann achtlos weggeworfen wird, ist eine Verschwendung von Ressourcen[2] und belastet Umwelt und Klima. Die Bundesregierung hat daher zahlreiche Maßnahmen beschlossen, um überflüssiges Einweg-Plastik zu vermeiden, Mehrweg-Angebote zu stärken, das Recycling auszuweiten sowie nachhaltigen Verbrauch zu stärken. [...] Was können Verbraucherinnen und Verbraucher tun, um Wegwerf-Plastik zu vermeiden? Sehr viel! Ob beim Einkaufen im Supermarkt, beim Picknick im Park und in vielen anderen alltäglichen Situationen: Verbraucherinnen und Verbraucher können sich jeweils bewusst gegen Einweg-Plastik und für umweltfreundliche Mehrweg-Alternativen entscheiden. [...] Denn bereits jetzt haben Verbraucherinnen und Verbraucher viele Möglichkeiten, Wegwerf-Plastik und Einweg-Produkte zu vermeiden: etwa indem sie auf Plastik-Tüten und unnötige Verpackungen beim Einkauf verzichten, wiederverwendbare Beutel, Taschen und Rucksäcke sowie Obst- und Gemüsenetze als Ersatz für dünne Plastikbeutel nutzen, Mehrweg-Flaschen kaufen oder Mehrweg-to-

Quelle (Aufgaben): Qualitäts- und UnterstützungsAgentur – Landesinstitut für Schule, Soest 2022

M1

go-Angebote[3] da nutzen, wo das mit den Hygiene-Anforderungen vereinbar […] ist. Das gilt etwa für Mehrwegbecher-Pfandsysteme, bei denen Becher nach der Rückgabe industriell gespült und dann hygienisch einwandfrei wieder ausgegeben werden.

1 **Kampagne:** *hier:* zeitlich befristete Werbeaktion, die auf ein bestimmtes Ziel ausgerichtet ist

2 **Ressourcen:** die auf der Erde vorhandenen Rohstoffe und Energieträger

3 **Mehrweg-to-go-Angebote:** Angebote, bei denen Kundinnen und Kunden auf die Mehrwegverpackung Pfand zahlen. Das Pfand wird bei der Rücknahme der Verpackung erstattet.

https://www.bmu.de/faqs/kampagne-weniger-ist-mehr/, 07.04.2021 (Zugriff: 25.02.2022) (Text gekürzt und geringfügig verändert)

Hinweis zur Quelle: Bei dem vorliegenden Text handelt es sich um eine Veröffentlichung des Bundesministeriums für Umwelt, Naturschutz, nukleare Sicherheit und Verbraucherschutz. Der Text wurde ohne namentliche Nennung eines Verfassers veröffentlicht.

M2 Wissenschaftlicher Dienst des Europäischen Parlaments: Einweg-Kunststoffprodukte

Originalversion veröffentlicht von der Europäischen Union auf der nachfolgenden Webseite: https://www.europarl.europa.eu/pdfs/news/expert/2018/10/story/20181005STO15110/20181005STO15110_de.pdf, © Europäische Union, 2021 (Zugriff: 25.02.2022)

Aus rechtlichen Gründen weicht die Darstellung von der Darstellung in der Original-Prüfungsarbeit ab. Die erste Zeile lautet dort: „Auf Einweg-Kunststoff-produkte verzichten!“. Außerdem wurden die Punkte „Wirtschaft“ und „Klima“ nicht berücksichtigt. Sprachlich verein-facht wurden die letzten zwei Aufzählungspunkte zum Thema „Meeresflora und -fauna“ (Lebensräume der Tiere werden zerstört, Tiere werden schädigenden Einflüssen durch Chemikalien in Kunststoffen ausgesetzt) sowie der Punkt zum Thema „Menschliche Gesundheit“ (Chemikalienbelastung durch das Essen von Meerestieren).

M3 So verzichtest du Schritt für Schritt auf Plastik (Interview) *Victoria Scherff*

Am Jahresanfang oder in der Fastenzeit verzichten viele Menschen auf Süßes, Alkohol, Kaffee oder Fleisch. Wie wäre es aber, wenn wir auf Plastik verzichten würden? Zwei Buchautorinnen, Anneliese Bunk und Nadine Schubert, erklären im Interview, wie das gelingen kann. [...]

Viele Menschen gehen bereits bewusst mit ihrem Plastikkonsum um. Doch womit können absolute Einsteiger beginnen?

Anneliese Bunk: Meine drei Lieblingstipps sind: Seife statt Duschgel, Leitungswasser statt Flaschenwasser und Pflanzenöl oder Kokosöl statt Feuchttüchern und Make-up-Entferner. Diese Tipps sind einfach, sparen Geld und jeder kann sie sofort umsetzen, ohne seine Gewohnheiten zu ändern.

Nadine Schubert: Leicht ist der Umstieg vor allem beim Lebensmitteleinkauf. Man kann auf Getränke – auch Milch – im Glas umsteigen und sich von Plastikflaschen und Tetrapacks[1] verabschieden. Man sollte darauf achten, kein verpacktes Obst und Gemüse mehr zu kaufen, und zur Wurst- und Käsetheke seine eigenen Behälter mitbringen. [...]

Welche Plastikfrei-Basics sollte man haben, um im Alltag Plastik effektiv zu umgehen?

Nadine Schubert: Es ist gut, auf Stoffbeutel, Einkaufskorb und Baumwolltasche zurückzugreifen. Denn damit kann man sowohl auf Obstbeutelchen aus Kunststoff als auch auf die Papiertüte beim Bäcker verzichten.

Eine plastikfreie Trinkflasche für Kinder spart Kunststoff und Schadstoffe ebenso wie eine Brotzeitdose aus Edelstahl. [...]

1 **Tetrapack:** folienbeschichtete Getränkeverpackung

https://utopia.de/ratgeber/plastikfasten/, 17.01.2022 (Zugriff: 25.02.2022, Text gekürzt und geringfügig verändert)

M4a Plastikfreies Leben – Wie ein Selbstversuch zum Umdenken anregt *Claudia Braun*

„Versuche doch einmal, eine Woche plastikfrei zu leben“, so lautete der Auftrag für diesen Artikel. Das Problem beginnt schon im Bad: Duschgel, Shampoo, Körpercreme, Zahnpasta – alles steckt in Plastikverpackungen. Doch wie lässt sich das reduzieren? „So schwer ist es gar nicht“, beruhigt Naturschutzexpertin Anne Kienappel.

Duschgel, Shampoo und Creme gibt es inzwischen auch in jeder herkömmlichen Drogerie als feste Produkte, die ohne Plastikverpackung auskommen. Zahnpasta ist in Form von Tabs erhältlich. Nach den ersten Selbstversuchen mit festem Shampoo, Körperbutter im Stück und der guten alten Seife mit natürlichen Pflegestoffen die erstaunliche Erkenntnis: Sie sind genauso gut oder gar besser als die flüssigen Produkte.

Ein Blick in den Kühlschrank genügt und wieder finden wir Plastikverpackungen in jeglicher Form und Farbe: abgepackten Käse, Saft im Tetrapack und Joghurtbecher. Selbst die Äpfel warten in Plastikfolie darauf, befreit zu werden. „All das gibt es auch lose oder im Glas, sogar im ganz normalen Su-

M4a

permarkt", macht Anne Kienappel wieder Mut. Beim aufmerksamen Durchsuchen des Lebensmittelgeschäfts wird schnell klar: Das stimmt! Gerade bei Obst und Gemüse hat auch bei den Discountern[1] ein Umdenken eingesetzt. Wiederverwendbare Netze für den Transport hängen sogar direkt neben der Ware. Wenn möglich, sollte man immer Mehrweggläser benutzen, denn sie werden von der Industrie so gereinigt, dass man sie wieder zum Kaufen von neuen Produkten verwenden kann.

Tipp: Unverpackt-Läden gibt es in immer mehr Gemeinden. Hier bringt man sich seine wiederverwendbaren Behältnisse einfach selbst mit und kann auch besser überblicken, wie viel man wirklich benötigt. Anne Kienappel empfiehlt ländlich lebenden Verbrauchern, beim örtlichen Bauern vorbeizuschauen und dort etwa Kisten mit frischem Obst und Gemüse für eine Woche zu kaufen.

1 **Discounter:** Geschäfte, die ein eingeschränktes Angebot an Waren zu besonders geringen Preisen anbieten

https://www.maz-online.de/Brandenburg/Plastikfrei-leben-Selbstversuch-und-Tipps, 14.11.2020 (Zugriff: 25.02.2022, Text gekürzt und geringfügig verändert)

M4b Wie funktioniert ein Leben ohne Plastik? *Kristina Orasche*

Einfach ist es nicht. Julia Löschnig wagte ein Jahr lang den Selbstversuch [...] – und nahm sich zu Neujahr 2020 vor, ein Jahr lang so gut wie möglich Plastik zu vermeiden. [...] Wie ist es ihr in diesem Jahr ergangen? „Es ist ganz schwer, überall findet man Plastik. Natürlich habe ich auch nicht alles weggeworfen." Sonst hätten ja auch verschiedenste Elektrogeräte weichen müssen. Am schwierigsten empfand sie das Vermeiden von Plastik beim Lebensmittel-Einkauf. Denn Waren, die so aussehen, als wäre die Verpackung nur aus Papier, sind bei näherer Betrachtung gar nicht plastikfrei. Verpackungen sind oft innen beschichtet oder es gibt Sichtfenster aus Plastik. Beispiele sind viele Sorten Spaghetti, Taschentücher, Wattestäbchen oder Müsli. [...]

„Auf der Suche nach plastikfreien Lebensmitteln bin ich von Supermarkt zu Supermarkt gefahren, was das Ganze unsinnig gemacht hat – man denke nur an den CO_2-Ausstoß[1] durch das Autofahren." Plastikfrei leben zu wollen ist also zeitaufwendig – und teuer! Löschnig: „Bei Lebensmitteln um ein gutes Drittel, besonders teuer sind die Bio-Supermärkte." Was sich bei Lebensmitteln schwierig gestaltete, war bei Putzmitteln einfach: Sie kann man nämlich selbst herstellen, und heutzutage gibt es auch gute plastikfreie und chemiefreie Marken. [...]

Dennoch: Komplett plastikfrei zu leben, ist unmöglich, zumindest für Löschnig: „Ich habe auch nicht den Anspruch, in diesem Themenbereich perfekt zu sein. Es geht mir um die persönliche Einstellung: Jeder sollte beginnen, seinen eigenen Konsum zu hinterfragen. Denn wir sind die erste Generation, die den Klimawandel völlig versteht, und die letzte, die etwas dagegen unternehmen kann."

1 **CO_2-Ausstoß:** Ausstoß des Gases Kohlenstoffdioxid, das erheblich zum Klimawandel beiträgt

https://www.advantage.at/artikel/wie-funktioniert-ein-leben-ohne-plastik, 14.02.2022 (Zugriff: 25.02.2022, Text gekürzt und geringfügig verändert)

M5 Plastik und Nachhaltigkeit? *[unbekannter Verfasser]*

[…] Seitdem Plastiktüten einen Preis haben und Unverpackt-Supermärkte im Trend sind, ist das Thema Plastik in der Mitte der Gesellschaft angekommen. Doch warum hat Plastik einen schlechten Ruf und woraus wird Plastik hergestellt? Plastik wird aus Erdöl gewonnen. Es kommt dementsprechend aus einer nicht nachhaltigen Quelle.

Zudem stellt sich das Plastikproblem beim Recycling, denn das Material löst sich nicht natürlich auf und verfällt nicht. Allzu viele Länder weltweit setzen auf die Ausfuhr von Plastikmüll in andere Länder, um sich nicht mit der Entsorgung beschäftigen zu müssen. Dazu gehört auch Deutschland. So landet Plastik auf Müllbergen, wird unter Ausstoß giftiger Gase verbrannt oder schwimmt in den Weltmeeren.

Auf der anderen Seite sollte dir bewusst sein, dass Plastik nicht nur Nachteile hat. Das Material ist sehr beständig, flexibel und robust und bei einigen Produkten, wie zum Beispiel Zahnbürsten, nahezu unverzichtbar. Wer den Rohstoff schlechtmacht und auf alle Plastik-Bestandteile verzichtet, macht sich nicht nur selbst das Leben schwer, sondern unterstützt auch andere Missstände. Hier ein paar Beispiele:

- *Baumwolltasche versus Plastikbeutel:* Der Anbau von Baumwolle verbraucht sehr viel Wasser, Schädlingsbekämpfungsmittel[1] und Dünger. Große Teile der Baumwollproduktion stammen von gentechnisch veränderten Pflanzen. Der Plastikbeutel hat eine bessere CO_2-Bilanz[2].
- *Bambus-Zahnbürste versus Plastikzahnbürste:* Zahnärzte empfehlen, Borsten aus Nylon zu verwenden, da diese deutlich besser reinigen. Der Griff der Zahnbürste sollte jedoch aus Bambus sein, da hier das Plastik nicht nötig ist.
- *Glas versus Plastik:* Wenn es sich um die einmalige Nutzung handelt, gewinnt Plastik bei der CO_2-Bilanz. Zur Herstellung von Glas werden wichtige Rohstoffe wie Sand verbraucht, die bei hohen Temperaturen verarbeitet werden müssen. Außerdem ist Glas deutlich schwerer im Transport.

Dennoch gilt, dass Plastik in der Entsorgung nicht nachhaltig ist. Während Baumwolle und Bambus zum Beispiel biologisch abbaubar sind, braucht eine Plastiktüte fast 500 Jahre, um zu zerfallen. Auch dann entsteht noch unerwünschtes Mikroplastik[3]. Die CO_2-Bilanz hängt davon ab, wie oft du das jeweilige Produkt benutzt. […]

1 **Schädlingsbekämpfungsmittel:** chemische Mittel, die Pflanzen vor Insekten, Schnecken, Nagetieren oder unerwünschten Pflanzen schützen sollen

2 **CO_2-Bilanz:** Berechnung des Ausstoßes von Kohlenstoffdioxid, der direkt bzw. indirekt durch die Produktion und den Gebrauch eines Produkts entsteht

3 **Mikroplastik:** feste, unlösliche und nicht biologisch abbaubare Plastikteilchen in einem Größenbereich von weniger als 5 Millimetern. Einige Wissenschaftler gehen davon aus, dass Mikroplastik auch für den Menschen gesundheitsschädlich sein kann.

Quelle: https://gopandoo.de/blogs/blog/mythen-rund-um-nachhaltigkeit, 15.04.2020 (Zugriff: 25.02.2022) (Text gekürzt und geringfügig verändert; Überschrift geändert)

Hinweis zur Quelle: Der Text wurde ohne namentliche Nennung eines Verfassers veröffentlicht.

D 5 Aufgabentyp 2: Rico und Oskar (selbstständiges Üben)

Teil II

Bald kommt der Autor Andreas Steinhöfel an deine Schule und wird aus seiner Bücherserie „Rico und Oskar“ vorlesen. Alle Klassen deiner Schule, Lehrerinnen und Lehrer sowie Eltern können die Autorenlesung besuchen. Du bist gebeten worden, in der Schulzeitung zur Vorbereitung die Figuren Rico und Oskar vorzustellen. Dein Text soll Schülerinnen und Schüler sowie Lehrkräfte und Eltern informieren. Damit du deinen Text schreiben kannst, bekommst du eine Materialsammlung (M1 – M5).

Lies bitte zunächst die Aufgabenstellung und dann die Materialien aufmerksam durch, bevor du mit dem Schreiben beginnst.

AUFGABENSTELLUNG

Verfasse auf der Grundlage der Materialien M1 – M5 einen **informierenden Text** über die Figuren Rico und Oskar. Schreibe nicht einfach aus den Materialien ab, sondern achte auf eine eigenständige Darstellung in einem zusammenhängenden Text.

Gehe dabei so vor:

- **Formuliere** für den Text eine passende Überschrift.
- **Schreibe** eine Einleitung, in der du die Figuren Rico und Oskar kurz **vorstellst** (*Wer ist Rico? Wer ist Oskar? Wie sehen sie aus? Welcher Autor hat die Figuren erfunden?*).
- **Erläutere**, welche besonderen Eigenschaften Rico und Oskar jeweils haben. Beziehe dich dabei auf konkrete Beispiele.
- **Stelle dar**, wie es dem Autor Andreas Steinhöfel gelingt, die Figur Rico und dessen Wohnumfeld für die Leser realistisch erscheinen zu lassen. Nenne dazu Beispiele aus den Materialien.
- **Schlussfolgere** anhand der Materialien und eigener Überlegungen, warum die Bücher über Rico und Oskar gerne gelesen werden.
- **Notiere** unterhalb des Textes die von dir genutzten Materialien.

M1 Inhaltsangabe „Rico, Oskar und die Tieferschatten“ (2008)

Rico besucht in Berlin Kreuzberg ein Förderzentrum. Er bezeichnet sich selbst als „tiefbegabt“. Das ist nicht weiter schlimm, außer dass Rico ziemlich schnell ein Durcheinander im Kopf bekommt, wenn viele Dinge gleichzeitig passieren. Und leider verläuft er sich dauernd, weil er links und rechts partout[1] nicht unterscheiden kann. Dieser liebenswerte Typ begegnet nun eines Tages Oskar. Oskar ist einen ganzen Kopf kleiner als Rico. Oskar bezeichnet sich als hochbegabt. Wohl auch deshalb trägt er von morgens bis abends einen Motorradhelm, weil er weiß, wie gefährlich das Leben nun mal sein kann. Und riskant ist das Leben zurzeit in Berlin für Kinder tatsächlich: Ein Kidnapper entführt Kinder und erpresst dann deren Eltern. 2000 Euro will er jeweils für die Rückgabe eines Kindes. Rico und Oskar, die beiden Außenseiter, die ihre Sommerferien in der Großstadt verbringen, machen sich auf die Suche nach dem Täter. Dass die beiden dabei in große Gefahr geraten, macht die Geschichte überaus spannend.

1 **partout:** unter allen Umständen, unbedingt

Andreas Steinhöfel: Rico, Oskar und die Tieferschatten, Pädagogische Hochschule FHNW, Windisch, http://blogs.fhnw.ch/zl/files/2013/10/Einfuehrung_Rico_10_13.pdf, Zugriff: 10.12.2020

M2 Interview mit dem Autor Andreas Steinhöfel

[…] Was war Ihre Inspiration[1] für die Geschichte von Rico und Oskar?
Ausgangspunkt war eigentlich Oskar. Ich wollte ursprünglich ein Buch über ein hochbegabtes Kind machen. Und beim Kinderbuch tendiere[2] ich, auch weil ich weiß, dass Kinder das mögen, zu Gegensatzpaaren. Also musste es Rico geben. Anfangs war er der kleine Doofe, über den alle gelacht haben. Der Stichwortgeber für die Gags. Bis ich merkte, dass ich die Figur fies runterputzte. Plötzlich tat mir Rico richtig leid. Autor/innen hinterfragen ständig ihre Figuren. Also fragte ich mich, wie sich eigentlich ein Kind fühlt, das nicht so tickt wie die anderen. Ich schlüpfte in die Rolle von Rico und dieser Perspektivenwechsel hat super funktioniert. Ich habe die Figur viel besser verstanden.
So wurde aus einer einfach nur doofen Figur, wie Sie sagen, ein Kind mit einer ganz eigenen Wahrnehmung.
Rico behauptet immer, er wäre nicht so schlau wie andere, aber das ist gar nicht wahr. Im Gegenteil verfügt er über ein hohes Maß an emotionaler Intelligenz[3]. Was ihm an Intellekt[4] fehlt, versucht er beispielsweise durch sein Wörterbuch zu kompensieren[5]. Das ist ein aufgeweckter kleiner Junge. […].
Hatten Sie medizinische Bezüge für Rico im Hinterkopf? Sie benennen seine „Störung“ nie ausdrücklich.
Das kann man alles draufpacken, wenn man möchte. Aber wenn ich nur einmal ADS[6] erwähne, habe ich plötzlich eine ganz andere Geschichte, eine Problemgeschichte. Lasse ich diesen Begriff aber weg, drücke ich dem Jungen keinen Stempel auf und gebe den Leser/innen damit die Gelegenheit, sich den Menschen näher anzusehen. Dann ist Rico keine Sozialdiagnose[7] mehr, sondern ein knuffiges, ziemlich gewitztes Kind.
In Ihrer Geschichte geht es ja auch um eine Freundschaft zwischen Außenseitern. Welche Einsichten können Kinder und Jugendliche durch Ihr Buch gewinnen?
Ein Buch, das geschrieben ist, damit man etwas draus lernt, ist ein schlechtes Buch. Ein Buch, das ein Lernangebot macht, lasse ich durchgehen. Das mache ich selber auch. Ich möchte aber keine Kinder erziehen, die von Erwachsenen Vorgekautes bloß nachplappern.

1 **die Inspiration:** die Idee, der Einfall

2 **tendieren:** beabsichtigen, dazu neigen

3 **die emotionale Intelligenz:** die Fähigkeit, eigene und fremde Gefühle wahrzunehmen

4 **der Intellekt:** der Verstand; die Fähigkeit etwas geistig zu erfassen

5 **kompensieren:** ausgleichen

6 **ADS:** Aufmerksamkeitsdefizitsyndrom, eine Aufmerksamkeitsstörung

7 **die Sozialdiagnose:** *hier gemeint:* ein Krankheitsbild

Ich habe mich gefragt, wie sich ein Kind fühlt, das nicht so tickt wie die anderen. Interview mit Andreas Steinhöfel von Andreas Busche, kinofenster.de – Das Online-Portal für Filmbildung, herausgegeben von der Bundeszentrale für politische Bildung/bpb, Bonn, https://www.kinofenster.de/filme/archiv-film-des-monats/kf1407-08/andreas-steinhoefel-kf1407-08/, Zugriff: 08.01.2021

M3 Buchbesprechung – Expertenmeinung

[…] Der Kritiker schlägt bereits nach dem Lesen der ersten Seiten den Falkplan[1] „Berlin, 60. Auflage“ auf, findet die Dieffenbachstraße in Kreuzberg – die Straße, in der der junge Held wohnt – und glaubt fortan an die wahrhaftige Existenz

M3

des elfjährigen Frederico „Rico" Doretti und seiner graubunten Welt der „Dieffe 93". Wie Steinhöfel die Welt des Steppkes[2] beschreibt, der sich für „tiefbegabt" hält und eine Förderschule besucht, wie der Autor Ricos Welt lebendig werden lässt, ist das Besondere an der Geschichte – nicht die dramatische Handlung. [...] Dass in der Stadt ein eigenartiger Kindesentführer sein Unwesen treibt und der Dieffe 93 nähersteht, als man zu glauben wagt, ist zweifelsohne ein spannender Plot[3]. Der Reiz des Buches jedoch steckt woanders. Man spürt ihn in der Beschreibung des „Miljöhs"[4] und in der Charakterisierung der Figuren – nicht zuletzt auch in Peter Schössows Illustrationen.
Die Leser schnuppern förmlich den Mief aus Bohnerwachsgestank[5] und Bratendüften, der durchs Treppenhaus zieht. Man glaubt, die Geräusche hinter den Türen des Mietshauses zu hören, das Plärren von Kleinkindern, das Lärmen der Fernsehapparate und das dumpfe Schlurfen alter Männer über den Flur. Die Typen scheinen direkt dem wirklichen Großstadtalltag entsprungen zu sein. Ricos treusorgende Mutter, Witwe im besten Alter (zweiter Stock, rechts), arbeitet als Geschäftsführerin in einem Privatclub für Männer. Der Marrak (fünfter Stock, links) firmiert[6] als „Sicherheitsmanager mit Schwerpunkt Kontroll- und Schließdienst" und der Kiesling (dritter Stock, rechts) ist ein schwuler Zahntechniker. Das Universum der Dieffe 93 gibt sich ziemlich schräg, nicht selten tragisch, aber trotzdem liebenswert. [...]

1 **ein Falkplan:** ein zusammengefalteter Stadtplan

2 **der Steppke:** Berliner Dialekt für „kleiner Junge"

3 **der Plot:** die Handlung

4 **das Miljöh (Berliner Dialekt):** das Milieu (französisch): der Schauplatz

5 **das Bohnerwachs:** Wachs zum Polieren von Böden, riecht oft stark nach Lösungsmitteln

6 **firmieren:** einen bestimmten Firmennamen benutzen

Der ganz besondere Duft: Andreas Steinhöfels Berliner Kinderkrimi „Rico, Oskar und die Tieferschatten". Süddeutsche Zeitung, München, 07.03.2008

M4 Buchbesprechung – Elternmeinung

Dass ich mal meinem Sohn ein Buch aus der Schultasche fischen würde, weil ich nicht will, dass er es in der Pause liest – das hätte ich auch nicht gedacht. Normalerweise freue ich mich, wenn er zu Büchern greift. Besonders wenn es sich ausnahmsweise einmal nicht um Comics handelt. Und wenn ihn das Buch dann auch noch so sehr in den Bann schlägt, dass er seine kostbare Pause dafür opfern will – müsste man das nicht feiern?
„Rico, Oskar und die Tieferschatten" habe ich ihm trotzdem wieder aus dem Ranzen geklaubt. Einfach, weil ich nicht wollte, dass er es ohne mich weiterliest. Mich hat es nämlich genauso gefesselt wie ihn, was aber übrigens keine große Überraschung ist: Das Buch wurde 2009 mit dem Deutschen Jugendliteraturpreis ausgezeichnet, der Autor vier Jahre später mit demselben Preis für sein Gesamtwerk geehrt, dazwischen und danach gab es zahlreiche weitere namhafte Preise, die Kritik bejubelt Andreas Steinhöfel als „den großen Erneuerer in der Kinder- und Jugendliteratur der vergangenen zwei Jahrzehnte", der Stoff kam mit Karoline Herfurth, Axel Prahl und Ronald Zehrfeld in den Hauptrollen ins Kino – da darf man schon was erwarten.
Die Geschichte ist aus der Perspektive von Rico geschrieben. Der Förderschüler ist ein nach eigener Auskunft „tiefbegabtes" Kind mit Konzentrationsschwä-

M4

che und eigentlich davon überzeugt, gar nicht erzählen zu können: „Meistens verliere ich den roten Faden", sagt er über sich selbst, „jedenfalls glaube ich, dass er rot ist, er könnte aber auch grün oder blau sein, und genau das ist das Problem."

Das ist so erfrischend offen, wie zum Glück auch falsch: Andreas Steinhöfel lässt Rico einen ganz ausgezeichneten Erzähler sein, dessen Stärke gerade in seinen witzigen Abschweifungen liegt. Ein Underdog[1], der lebendig und bildreich schildert, wie er durchs Leben schlittert, den hochbegabten und eigenwilligen Oskar trifft, sich mit ihm anfreundet und dann plötzlich in den spektakulärsten Kriminalfall der Stadt verwickelt wird.

Steinhöfel verbindet in dem Buch originelle Milieustudien aus dem Berliner Großstadtdschungel mit klugen Gedanken über das Leben an sich, ohne je ins Pädagogische abzugleiten. Und richtig spannend wird's auch noch! Darum ist Steinhöfel schon öfter mit den ganz Großen des Genres verglichen worden, Kästner[2] inklusive. Viel Lob, aber Buch und Autor haben es verdient.

1 **Underdog:** ein Außenseiter

2 **Kästner:** Erich Kästner, berühmter Autor

Matti Hartmann, Berlin, https://www.gute-kinderbücher.de/ab-10-jahren/rico-oskar-und-die-tiefer-schatten// (Zugriff: 08.01.2021)

M5 Leseräußerungen

[…] Ein rundum tolles Kinderbuch, das einem Lachtränen in die Augen treibt und im nächsten Augenblick einen Kloß im Hals verursacht. Aber um mit Rico zu sprechen: Graue Gefühle[1] haben hier keinen Platz! Hier geht es um Lebensfreude, Freundschaft und Selbstvertrauen. Und so viele toll gezeichnete Figuren waren schon lange nicht mehr in einem Kinderbuch versammelt!

1 **Graue Gefühle:** Ricos Bezeichnung für Depressionen

https://stiftunglesen.de/leseempfehlungen/lese-und-medienempfehlungen/buch/396, Zugriff: 08.01.2021

Lehrerinnen und Lehrer zugegriffen!
Wer seiner Deutschklasse etwas Gutes tun möchte, sollte sich für eines von Steinhöfels Büchern entscheiden. Meine Fünftklässler lieben es! Unermüdlich spielen sie einzelne Buchszenen nach oder lauschen konzentriert in den Vorlesestunden, wie es mit dem 10-jährigen Rico und seinem drei Jahre jüngeren Freund Oskar weitergeht.

[…] Rico, Oskar und die Tieferschatten ist ein kleines Meisterwerk des Genres Kinder- und Jugendbuch. Mit unglaublichem Einfühlungsvermögen hat Andreas Steinhöfel die Welt aus der Sicht eines leicht behinderten Kindes geschildert und seine Leser für sie fasziniert. Die Geschichte zeigt, dass es nicht darauf ankommt, wie schlau man ist, sondern wie viel Mut man hat, und dass es wichtig ist, Freunde zu finden, für die es sich lohnt, mutig zu sein. Rico, Oskar und die Tieferschatten ist die witzige und zugleich spannende Geschichte über eine ungewöhnliche Freundschaft, die es zu Lesen lohnt!

Rezension „Rico, Oskar und die Tieferschatten" von Andreas Steinhöfel, Svenja Dieken, Köln, Pan Tau Books: Ein Buchblog, https://pantaubooks.wordpress.com/2017/08/30/rico-oskar-und-die-tieferschatten-von-andreas-steinhoefel/ (Zugriff: 08.02.2021)

E Prüfungsaufgaben zum Themenbereich „Eine Frage der Beziehung“

In diesem Kapitel kannst du zu dem Thema „Eine Frage der Beziehung“ mehrere Prüfungsbeispiele bearbeiten. Notiere die benötigte Arbeitszeit (siehe Seite 7).

E 1 Leseverstehen: Während der Ausbildung ins Ausland (angeleitetes Üben)

Teil I

Lies zunächst den Text sorgfältig durch und bearbeite die Aufgaben **1** – **12**.

Während der Ausbildung ins Ausland: Allein unter Azubis

Anne Passow

(1) *Maike Kroschowski hat bei einer Firma in Irland gearbeitet. Als Auszubildende gehört sie damit zu einer seltenen Spezies[1]. Bei Studenten gehören Auslandsaufenthalte dazu, Auszubildende bleiben lieber daheim. Dabei gibt es Förderprogramme – allerdings wissen nur die wenigsten davon.*

(2) Sofagestelle gurten und Schaumstoff zusägen – jeden Tag. Während ihrer ersten Woche in Irland hatte Maike Kroschowski, 23, manchmal das Gefühl, die Arbeitszeit dort würde überhaupt nicht vergehen – ihr war langweilig. „Irgendwann hat meine Chefin aber gemerkt, dass ich mehr kann und ich durfte eine Fußbank beziehen. Danach hat sie mich einfach machen lassen.“

(3) Selbstbewusstsein hat die Auszubildende zur Raumausstatterin auf jeden Fall von ihrem Aufenthalt in Irland mitgebracht. Drei Wochen lang arbeitete sie im Januar in einer Firma in Cork. Ihr Chef hatte sie auf die Idee mit dem Auslandspraktikum gebracht. „Es war eine Belohnung für ihre gute Leistung. Ich will sie so stärker an die Firma binden“, sagt Alexander Hahlbeck, Inhaber der Raumausstattung Pöppel in Lübeck. Als junger Raumausstatter war er selbst im Ausland und weiß, wie motivierend so eine Erfahrung wirken kann. Schon vor dem Irland-Aufenthalt hatte er seine Auszubildende zu französischen Kollegen nach Poitiers geschickt. „Sie wissen dort sehr viel über historische Möbel. Ich habe viele Tricks und Kniffe[2] gelernt“, sagt Kroschowski.

(4) Nur wenige Azubis sammeln Erfahrungen im Ausland. Von 2007 bis 2009 gingen laut der Nationalen Agentur Bildung für Europa drei Prozent aller deutschen Auszubildenden und Berufsfachschüler für ein Praktikum oder eine Fortbildung ins Ausland. Im Vergleich zu Studenten ist das wenig. Während seiner Hochschulzeit sammelt jeder Fünfte Auslandserfahrung. Dabei ist es von Politik und Wirtschaft gewollt, dass mehr Lehrlinge über den Tellerrand schauen. Die Handwerks- sowie die Industrie- und Handelskammern, der Bund und die Europäische Union stecken viel Geld in Beratungsprojekte und Förderprogramme. Das bekannteste ist „Leonardo da Vinci“, mit dem Azubis für drei Wochen bis neun Monate ins Ausland gehen können.

(5) Warum also bleiben die Azubis lieber zu Hause? „Einige fühlen sich mit 16 oder 17 Jahren vielleicht noch zu jung“, vermutet Jacqueline März, Referentin für Mobilitätsberatung[3] des Deutschen Industrie- und Handelskammertags. Für viele kleine Unternehmen sei es außerdem kaum zu machen, einen Monat auf die Arbeitskraft des einzigen Lehrlings zu verzichten. Dennoch wissen zu wenig Auszubildende von dem Angebot.

(6) „Viele Betriebe möchten ihre Auszubildenden nicht wegschicken und erzählen ihnen deshalb nichts von dieser Möglichkeit“, sagt Raumausstatter Alexander Hahlbeck. Maike Kroschowski bestätigt das: „Wenn mich mein Chef nicht auf die Idee gebracht hätte, hätte ich das nicht gewusst.“ Kroschowski kritisiert, dass der Deutsche Industrie- und Handelskammertag vorrangig die Unternehmen über die Praktika informiert. „Man müsste viel mehr Werbung machen und die Azubis direkt ansprechen“, sagt sie. Jacqueline März sieht das anders. „Die Unternehmen müssen schließlich dem Auslandsaufenthalt zustimmen und die Vergütung[4] weiterzahlen“, betont sie.

(7) März glaubt aber, dass sich das Angebot langsam durchsetzt. Immerhin stieg die Zahl der Mobilitätsberatungen ihrer Kollegen von 2010 (15.000 Beratungen) auf 2011 (22.000 Beratungen) fast um die Hälfte. „Oft zögern kleine Unternehmen, bis sie einen Azubi schicken“, so März. Dann aber blieben sie dabei. Denn die Investition zahlt sich aus – vor allem für Unternehmen, die im Export[5] tätig sind. „Da brauchen sie Mitarbeiter, die die Gepflogenheiten und die Arbeitswelt des Landes kennen“, sagt März. Zudem kämen die Lehrlinge selbstbewusster zurück und lernten andere Arbeitsabläufe und landestypische Besonderheiten ihres Berufes kennen.

(8) Jan-Peter Seideneck, 27, kam bei seinem dreiwöchigen Praktikum dieses Frühjahr in Dänemark auf ganz neue Ideen. Dort sei die Kabelführung für Deckenlampen viel übersichtlicher, erzählt der Elektroniker-Azubi für Energie- und Gebäudetechnik. „In Deutschland sind die Abzweigdosen oft unter den Tapeten versteckt. So findet man sie kaum wieder.“ Auch andersherum funktionierte der Austausch. Seinen Kollegen in Nykøbing brachte er spezielle Steckverbindungen für Stromleitungen aus seinem Lübecker Unternehmen mit. „Die waren begeistert“, erzählt er. […]

(9) Maike Kroschowski war erstaunt, mit welchen einfachen Werkzeugen und unter welchen Umständen ihre Kollegen in Irland arbeiteten. Die Werkstatt in Cork war in einer Scheune untergebracht, in der es im Januar sehr kalt war. „Wir saßen in Winterjacken vor den Nähmaschinen.“ Sie genoss ihre Zeit auch wegen der lockeren Art ihrer Kollegen. „Zwischendurch gab es öfter mal einen Kaffee und einen Schwatz“, erzählt sie. Kroschowski ist auf den Geschmack gekommen. Ab August 2012 plant die Gesellin eine einjährige Australienreise.

Jan Seideneck macht im Winter erst mal seine Gesellenprüfung, anschließend plant er seinen Meister. Und dann? Der Lübecker hat gehört, dass Elektroniker in Dänemark das Doppelte verdienen. Also Auswandern? „Das ist auf jeden Fall eine Überlegung wert“, sagt er.

1 **die Spezies:** eine besondere Art

2 **der Kniff:** gleiche Bedeutung wie „Trick“

3 **Referentin für Mobilitätsberatung:** jemand, der Auszubildende berät, die einen Auslandaufenthalt planen

4 **die Vergütung:** das Gehalt, den Lohn

5 **der Export:** Waren, die ins Ausland verkauft werden

Der SPIEGEL, Anne Passow, 08.10.2012 (http://www.spiegel.de/karriere/azubis-im-ausland-mit-dem-foerderprogramm-leonardo-da-vinci-a-859476.html, Zugriff 03.01.2020, verändert)

LÖSUNGSHILFEN zu 1 – 12

1 Nicht gleich in die Aufgaben stürzen! Erschließe zuerst den Text wie in B 3 (S. 21) dargestellt:
- Kläre unbekannte Begriffe.
- Unterstreiche wichtige Schlüsselstellen.
- Formuliere am Rand Überschriften oder Stichwörter zu den Sinnabschnitten.

Du findest zu den Aufgaben dann schnell die Textstellen.

AUFGABEN 1 – 12

TIPP Richtige Aussagen ankreuzen

Suche zu jeder Aussage die passende Stelle im Text und unterstreiche sie. Überprüfe genau, ob die Textstelle mit der Aussage unten übereinstimmt bzw. worin sich Text und Aussage unterscheiden. Achte auf Wortwahl, Fragestellung und Schlüsselwörter.

1 Kreuze die richtige Antwort an.

Maike Kroschowskis Auslandsaufenthalt ist so ungewöhnlich (Abschnitt 1), weil …

a) sie Studentin ist. ☐

b) sie sich für Irland interessiert. ☐

c) sie Azubi ist. ☐

d) sie dort ein Förderprogramm leitet. ☐

2 Kreuze die richtige Antwort an.

Maike Kroschowskis Aufgaben wurden interessanter (Abschnitt 2), weil …

a) ihr die Chefin mehr zugetraut hat. ☐

b) sie sich bei der Chefin beschwert hat. ☐

c) die Chefin keine Fußbank erneuern konnte. ☐

d) ihre Chefin lieber Sofagestelle bearbeitete. ☐

3 Bringe die Aussagen im Text über Auslandsaufenthalte in die richtige Reihenfolge (Abschnitt 3).

	Ablauf ihres Aufenthalts	Reihenfolge: 1, 2, 3, 4
a)	Drei Wochen Arbeit in Cork (Irland)	
b)	Aufenthalt in Poitiers (Frankreich)	
c)	Auslandsaufenthalt ihres Chefs	
d)	Idee Auslandspraktikum als Belohnung	

4 Kreuze die richtige Antwort an.

Im Vergleich mit Studenten sammeln wie viele Azubis Auslandserfahrung? (Abschnitt 4)

a) gleich viele ☐

b) fünf Mal so viele ☐

c) wenige ☐

d) gar keine ☐

TIPP zu 5

Aussagen im Textzusammenhang erläutern

1. Markiere die angegebene Textstelle.
2. Mache dir klar, was die Textaussage bedeutet (z. B. Was bedeutet *Tellerrand*?).
3. Schlage unbekannte Begrifflichkeiten im Wörterbuch nach, erschließe sie aus dem Textzusammenhang oder orientiere dich an den vorhandenen Worterklärungen unter dem Text.
4. Lies die Textaussagen, die vor oder hinter der angegebenen Textstelle stehen, und unterstreiche die zu der Textaussage passenden Aussagen bzw. Schlüsselwörter (z. B. *Nur wenige Azubis sammeln Erfahrungen im Ausland. …*).
5. Formuliere die Antwort mit eigenen Worten: *Mit der Aussage „über den Tellerrand schauen“ (Z. 26) ist gemeint, dass …*

5 Erkläre im Textzusammenhang, was mit der Aussage „*… dass mehr Lehrlinge über den Tellerrand schauen*“ (Abschnitt 4, Z. 25/26) gemeint ist.

6 Kreuze die richtige Antwort an.

Auszubildende gehen oft nicht ins Ausland (Abschnitt 5), weil …

a) sie keine Fremdsprachenkenntnisse haben. ☐

b) sie noch minderjährig sind. ☐

c) sie nicht interessiert sind. ☐

d) ihre Arbeitskraft den kleineren Betrieben fehlt. ☐

TIPP zu 7

Textstellen erläutern

1. Mache dir klar, **was** du erläutern sollst (z. B. Wie können mehr Azubis ins Ausland gehen?).
2. Spüre die passende Textstelle in dem genannten Abschnitt (hier: Abschnitt 6) auf und unterstreiche sie.
3. Formuliere die Antwort mit eigenen Worten: *Auszubildenden könnte ein Auslandsaufenthalt ermöglicht werden, indem …*

7 Erläutere, wie es gelingen könnte, mehr Auszubildenden einen Auslandaufenthalt zu ermöglichen (Abschnitt 6).

8 Kreuze die richtige Antwort an.

Unternehmen haben durch den Aufenthalt ihrer Auszubildenden im Ausland Vorteile, weil ... (Abschnitt 7)

a) die Auszubildenden weitere Verfahrensweisen ihres Berufes kennenlernen. ☐

b) die Auszubildenden im Ausland bezahlt werden. ☐

c) die Auszubildenden während ihres Praktikums nicht bezahlt werden. ☐

d) die Auszubildenden im Ausland neue Kunden anwerben. ☐

9 Kreuze die richtige Antwort an.

Jan-Peter Seideneck hat durch sein Praktikum in Dänemark eine andere Möglichkeit für die Kabelführung von Deckenlampen entdeckt, (Abschnitt 8) die ...

a) gefährlicher ist. ☐

b) sichtbarer ist. ☐

c) komplizierter ist. ☐

d) versteckter ist. ☐

10 Kreuze die richtige Antwort an.

Maike Kroschowski hat die Erfahrung gemacht (Abschnitt 9), dass die Arbeitsbedingungen in Irland ...

a) einfacher sind. ☐

b) härter sind. ☐

c) zeitaufwändiger sind. ☐

d) vergleichbar sind. ☐

11 Kreuze die richtige Antwort an.

In dem Text wird deutlich, dass ein Auslandsaufenthalt für Auszubildende ...

a) überflüssig ist. ☐

b) sehr aufwändig ist. ☐

c) unattraktiv ist. ☐

d) erstrebenswert ist. ☐

12 Nach dem Lesen des Textes sagt ein Schüler:

„Ein Auslandsaufenthalt während meiner Ausbildung wäre nichts für mich.“

Schreibe eine kurze Stellungnahme zu dieser Aussage. Du kannst der Auffassung zustimmen oder nicht. Wichtig ist, dass du deine Meinung begründest. Beziehe dich dabei auf den Text.

TIPP zu 12

Zu einer Aussage Stellung nehmen

1. Entscheide dich für eine der beiden Möglichkeiten: *Ich stimme zu/nicht zu.*
2. Überfliege den Text noch einmal und markiere Textaussagen, die deine Auffassung unterstützen.
3. Greife zu Beginn die Aussage, zu der du dich äußern willst, noch einmal auf.
4. Beziehe dich bei deiner Begründung auch auf die markierten Textaussagen. *(Die Erfahrungen von Maike und Jan-Peter zeigen, wie positiv ein Auslandsaufenthalt sein kann, daher ...)*

E 2 Leseverstehen: Wie die Krise Freundschaft verändert (selbstständiges Üben)

Teil I

Lies zunächst den Text sorgfältig durch und bearbeite die Aufgaben **1** – **12**.

„Wie geht's dir?“ – Wie die Krise[1] Freundschaft verändert

Franziska Simon

(1) „Na, wie geht's?“ – der klassische Einstieg in jedes Treffen mit Freund*innen. Egal ob Kindergartenfreundschaft oder eher bessere Bekannte. Üblicherweise folgt eine knappe Antwort: „Alles gut!“ oder vielleicht mal ein „Jo, muss ja“. Und dann wird sich anderen Themen gewidmet. Wie der letzte Urlaub war, oder wohin der nächste geht. Was am Wochenende so ging und wie es eigentlich mit Freundin X und Freund Y so läuft. Vielleicht geht es auch um Probleme mit dem Partner, um Stress auf der Arbeit oder verzwickte Situationen mit den Eltern. Das Datingleben wird analysiert, Zukunftspläne besprochen. Man diskutiert dann stundenlang bei Bier oder Kaffee, hüpft von Thema zu Thema.

(2) Und dann kam Corona. Und auf einmal war die Frage „Wie geht's dir?“ der Hauptbestandteil aller Telefonate, Hangouts[2] und Gespräche vom Balkon zur Straße. Denn alle lustigen Partystories, Urlaubserinnerungen und gemeinsames Pläneschmieden, das ganze nette Beiwerk, das ist auf einmal weg. Und es geht nur noch um dieses eine Gefühl: „Wie geht's mir eigentlich gerade?“.
Die Antworten sind in Zeiten von Ungewissheit, Isolation[3], Existenzangst und einem zusammenbrechendem System anders, als noch vor einem Monat[4]. Niemand war je in dieser Situation, wir alle müssen uns neu orientieren und verbringen – egal ob in Partnerschaft, der WG oder alleine zuhause lebend – viel Zeit mit unseren eigenen Gefühlen. […]

(3) Und so verändern sich die Freundschaften. Sie werden wichtiger, sie werden intensiver. Wir müssen alle ganz besonders gut zuhören – oder wir lassen den Videocall unbeantwortet. Weil wir die ehrliche Frage nach den eigenen Gefühlen gerade nicht beantworten wollen oder nicht ertragen können, was das Gegenüber sagt.
So geht es mir aktuell – ich kann nicht immer reden. Ich brauche die Zeit für mich alleine. Und dann die richtigen Leute, um im richtigen Moment reden zu können. Und wieder aufzulegen. Nicht weil man noch Termine hat. Sondern, weil alles gesagt ist.

(4) Gefühlt ist mein Freundeskreis, betrachtet man ihn tatsächlich als solchen, enger um mich, den kleinen Punkt in der Mitte, gezogen. Und dabei zählt geographische Distanz nicht mehr. Denn wir stecken gerade alle im selben Dilemma[5], egal ob sechs oder 600 Kilometer voneinander entfernt. Egal, ob wir mit Kurzarbeit zu kämpfen haben, oder ein Kleinkind betreut werden muss – alle sind irgendwie betroffen. Was vorher war, rückt in den Hintergrund. Und das schweißt zusammen, wie nie zuvor.

(5) Denn wenn ich jetzt zwei Stunden mit einer Freundin telefoniere, dann fühle ich mich wie in einer Therapiestunde. Mal liege ich auf dem Sofa, mal sie. Wir sprechen uns Mut zu, wir fürchten uns gemeinsam, wir versuchen

Lösungen zu finden, wo es keine gibt. Jedes Mal, wenn man sagt: „Ach, komm, lass mal über was anderes reden“, dann bleibt man vielleicht kurz beim Tiger King[6] hängen, oder beim neuen Bananenbrot-Rezept – nur um dann doch wieder bei den Gefühlen zu landen. [...]

(6) Unsere Freundschaften werden auf die Probe gestellt. Nicht nur durch fehlende Small-Talk-Themen, sondern auch durch die nicht vorhandene körperliche Nähe. Denn bei einem „Mir geht's gerade wirklich nicht gut“ und fließenden Tränen, fehlt sie. Der ermutigende Drücker, das besorgte Streichen über den Rücken, die feste Umarmung – muss ersetzt werden. Wir lernen gerade, einander anders nah zu sein. Mit vielen Worten, oder eher den richtigen. Wir müssen auf Untertöne in den Gesprächen lauschen und unsere eigene Sprache überdenken. Wir werden sanfter miteinander, offener, echter und ehrlicher.

Das ist nicht einfach. Das funktioniert nicht mit dem großen Bekanntenkreis, den man normalerweise bei einem Bierchen sieht. Das funktioniert vielleicht auch nicht mit der Freundin, mit der man dachte, immer über alles reden zu können.

(7) Stattdessen rücken die Menschen in den Fokus, die gerade im Konsens[7] mit mir sind. Die nicht über Masken tragende Menschen lästern, die keine Fake-News weiterleiten oder trotz Kontaktverbots ein Tinder-Date treffen. Die Corona-Krise wirkt wie ein großes soziales Sieb, in dem gerade die Leute hängenbleiben, mit denen man am Telefon angespannt diskutiert oder frustriert auflegt. Die nicht glücklich machen. [...]

(8) Die, die durch das Sieb fallen, sind diejenigen, mit denen ich eine Arche[8] zusammen bauen könnte. Die ich an meiner Seite sehen will, falls nach dieser Pandemie noch eine Zombie-Apokalypse[9] auf uns zukommt. Die mir zuhören, wenn sie mich fragen, wie es mir geht. Und von denen ich auch wirklich wissen will, wie es ihnen geht.

Ich hoffe, dass wir uns diese neuen, tieferen Freundschaften bewahren können. Das bessere Zuhören und genauere Hinhören. Und, dass die Frage „Wie geht's dir?“ auch in einer Zeit, in der es wieder Partygeschichten und Urlaubsbilder gibt, wichtig ist. Vielleicht sogar wichtiger als alles andere.

1 **die Krise:** gemeint ist die Corona-Pandemie

2 **Hangouts:** eine Art der Videokonferenz

3 **die Isolation:** Zurückgezogenheit, Einsamkeit

4 **vor einem Monat:** bezieht sich auf die Zeit vor den Kontaktbeschränkungen

5 **das Dilemma:** die Not, die Schwierigkeit

6 **Tiger King:** eine Dokumentarserie

7 **der Konsens:** die Übereinstimmung

8 **die Arche:** *hier:* Schutzort, Ort der Geborgenheit

9 **die Apokalypse:** der Untergang der Welt

Mit Vergnügen GmbH, Berlin, 2020

AUFGABEN 1 – 12

1 Kreuze die richtige Antwort an.

Die Frage *„Na, wie geht's?“* wird oft gestellt (Abschnitt 1), weil ...

a) es dem Fragenden um die Gesundheit des anderen geht. ☐

b) der Fragende den anderen lange nicht gesehen hat. ☐

c) der Fragende damit ein Gespräch einleitet. ☐

d) der Fragende mit dem anderen befreundet ist. ☐

2 Kreuze die richtige Antwort an.

Auf die Frage *„Na, wie geht's?“* folgt normalerweise (Abschnitt 1) ...

a) eine ausführliche Antwort. ☐

b) eine Lüge. ☐

c) eine Standardantwort. ☐

d) eine ausschweifende Antwort. ☐

3 Kreuze die richtige Antwort an.

In Corona-Zeiten wird die Frage *„Wie geht's dir?“* (Abschnitt 2) ...

a) sehr oft gestellt. ☐

b) selten gestellt. ☐

c) unter Freunden gestellt. ☐

d) nur am Telefon gestellt. ☐

4 Kreuze die richtige Antwort an.

Die Antworten auf die Frage *„Wie geht's dir?“* ändern sich in Corona-Zeiten (Abschnitt 2), weil ...

a) viele über ihre Wochenenderlebnisse berichten. ☐

b) man nicht über Freizeiterlebnisse erzählen kann. ☐

c) man endlich jemandem etwas erzählen kann. ☐

d) man sich freut, mit jemandem ins Gespräch zu kommen. ☐

5 Kreuze die richtigen Antworten an.

In Corona-Zeiten verändern sich die Freundschaften (Abschnitt 3). Sie werden ...

a) distanzierter und weniger. ☐

b) oberflächlicher und anstrengender. ☐

c) seltener und nerviger. ☐

d) bedeutungsvoller und enger. ☐

6 Erläutere, was damit gemeint ist, wenn es im Text heißt *„Gefühlt ist mein Freundeskreis, (...) enger um mich (...) gezogen. Und dabei zählt geographische Distanz nicht mehr“* (Abschnitt 4, Z. 30 – 32).

7 Kreuze die richtige Antwort an.

Die Autorin des Textes fühlt sich bei einem Telefongespräch mit ihrer Freundin wie in einer Therapiestunde, weil ... (Abschnitt 5)

a) sie in dem Gespräch Ängste, Sorgen und Empfindungen schildert. ☐

b) sie im Liegen telefoniert. ☐

c) die Freundin ihr Ratschläge erteilt. ☐

d) für sie der Austausch von Backrezepten zur Entspannung gehört. ☐

8 Kreuze die richtige Antwort an.

Durch die Freundschaft auf Distanz fehlt die körperliche Nähe und somit die Möglichkeit, ... (Abschnitt 6)

a) mit der Freundin/dem Freund zu lachen. ☐

b) der Freundin/dem Freund genau zuzuhören. ☐

c) die Freundin/den Freund direkt fühlbar zu trösten. ☐

d) mit der Freundin/dem Freund zu weinen. ☐

9 Kreuze die richtige Antwort an.

Mit der Aussage „*Wir müssen auf Untertöne in den Gesprächen lauschen*“ (Z. 49/50) ist hier Folgendes gemeint ...

a) genau hinzuhören, was der Gesprächspartner wirklich ausdrücken will. ☐

b) gegenüber dem Gesprächspartner misstrauisch zu sein. ☐

c) gegenüber dem Gesprächspartner unaufrichtig zu sein. ☐

d) genau hinzuhören, wenn der Gesprächspartner etwas Falsches sagt. ☐

10 Kreuze die richtige Antwort an.

Für die Autorin wirkt die Corona-Zeit „wie ein großes soziales Sieb“ (Z. 58), in dem bei ihr die Menschen hängenbleiben (Abschnitt 7), mit denen ...

a) Telefongespräche sehr lange dauern. ☐

b) Telefongespräche inhaltlich anstrengend sind. ☐

c) Telefongespräche selten stattfinden. ☐

d) Telefongespräche nur dienstlich stattfinden. ☐

11 Kreuze die richtige Antwort an.

Die Autorin hat festgestellt, dass Freunde für sie diejenigen sind (Abschnitt 8), die ...

a) achtgeben, auf das, was sie ihnen erzählt. ☐

b) sie fragen, wie es ihr geht. ☐

c) mit ihr ein Floß bauen würden. ☐

d) auch vor Zombies keine Angst haben. ☐

12 Nach dem Lesen des Textes sagt ein Schüler:

„Die Frage „Wie geht's dir?“ spielt doch unter Freunden keine große Rolle. Wahre Freunde erzählen sich doch auch so, wie es ihnen gerade geht.“

Schreibe eine kurze Stellungnahme zu dieser Aussage.
Du kannst der Auffassung zustimmen oder nicht. Wichtig ist, dass du deine Meinung begründest.
Beziehe dich dabei auf den Text.

E 3 Original-Prüfung 2022: Aufgabentyp 4a: Der Sommer meiner Mutter (angeleitetes Üben)

Teil II

Lies bitte zunächst den Text, bevor du die Aufgaben bearbeitest.
Schreibe einen zusammenhängenden Text.

AUFGABENSTELLUNG

1 **Analysiere** den Textauszug aus dem Roman „Der Sommer meiner Mutter“ von Ulrich Woelk.

Gehe dabei so vor:

a) **Schreibe** eine Einleitung, in der du Textsorte, Titel, Autor und Erscheinungsjahr benennst sowie das Thema formulierst.
b) **Fasse** den Text kurz **zusammen**.
c) **Stelle dar**, welchen Stellenwert eine Jeans für Tobias und andere Jugendliche seiner Generation hat.
d) **Untersuche**, wie durch sprachliche Mittel deutlich wird, wie beeindruckt Tobias von dem „Jeans Store“ und dem dortigen Angebot ist (Z. 6 – 26) *(mögliche Aspekte: Satzbau, stilistische Mittel, Wortwahl)*.
e) **Erläutere**, wie Tobias seine Mutter sowie deren Kleidungsstil bisher wahrgenommen hat und wie er auf ihren Wunsch, eine Jeans zu kaufen, reagiert.
f) **Setze dich** im Schlussteil mit der folgenden Aussage einer Schülerin kritisch **auseinander**:
„Tobias sollte sich darüber freuen, dass seine Mutter seinen Geschmack in Sachen Mode teilt.“
- **Nimm Stellung** zu der Aussage.
- **Begründe** deine Meinung.
- **Belege** deine Ausführungen am Text.

Der Sommer meiner Mutter (Textauszug) *Ulrich Woelk*

Der Ich-Erzähler Tobias lebt in den 1960er Jahren, als Jeanshosen in Deutschland noch nicht selbstverständlich waren und gerade modern wurden, und möchte sich nun seine erste Jeans kaufen. Hierzu fährt er mit seiner Mutter in die Stadt.

In der Schule hatte sich herumgesprochen, dass in der Nähe des Kölner Doms ein Laden aufgemacht hatte, der ausschließlich amerikanische Bluejeans führte und sich auch nicht Laden, sondern *Store* nannte, was ich noch nie gehört hatte. Auf jeden Fall musste jeder, der in meiner Klasse etwas auf sich hielt, in den Besitz einer Jeans aus diesem *Store* kommen. […]
Als wir den Store betraten, war ich überwältigt. Es war, als öffnete sich vor mir eine neue Welt. Die Bekleidungsgeschäfte, in denen ich bisher meine Hemden, Hosen und Pullover bekommen hatte, waren sehr eng gewesen. Die Kleidungsstücke wurden aus Pappschachteln genommen und lustlos vor einem ausgebreitet. Beim zweiten oder spätestens dritten Modell musste man sich dann entscheiden.
Wie anders hier! Anstatt von einer strengen Verkäuferin hinter einem Tresen zu dem gewünschten Kleidungsstück und der Konfektionsgröße[1] befragt zu werden, konnte man sich in dem großen, hellen Verkaufsraum frei bewegen. In meterlangen Regalen stapelten sich Jeans in allen nur denkbaren Größen und Schnitten, und vor den Umkleidekabinen […] herrschte ein aufgeregtes Gewusel.

Quelle (Aufgaben): Qualitäts- und UnterstützungsAgentur – Landesinstitut für Schule, Soest 2022

Auch meine Mutter wirkte sichtlich überrascht. Ich spürte aber auch, dass ihr Staunen mit Skepsis[2] vermischt war, weil sie nicht wusste, wie man sich in dem riesigen Angebot von Hosen zurechtfinden sollte. Sie stand einen Moment lang ratlos da, bis die Chefin oder Chefverkäuferin lächelnd auf uns zukam und uns das Ordnungssystem in den Regalen erklärte. Die Hosen waren nicht nach Konfektionsgrößen, sondern nach Umfang und Länge sortiert. Außerdem standen verschiedene Marken und Schnitte zur Auswahl, entweder mit geradem Bein oder unterhalb des Knies ausgestellt[3], wie es jetzt Mode sei, sagte sie.

Wir suchten uns ein paar Hosen zusammen und warteten, bis eine der Umkleidekabinen frei wurde. Ich zwängte mich nacheinander in die Jeans. Ich hatte gehört, sie müssten so eng sitzen, als seien sie am Körper getrocknet. Als Marken standen Wrangler und Levi's zur Auswahl. Die Meinungen darüber, welche von beiden man haben musste, gingen auseinander. Ältere Geschwisterkinder meiner Freunde verbanden bestimmte Jeans mit englischen Sängern oder Bands, aber diese Musik hörten wir noch nicht. Ich zog mal eine Wrangler an, mal eine Levi's. Ich fand es gar nicht so leicht, sie voneinander zu unterscheiden.

Immer wieder verließ ich die Kabine, um mich in einem der großen Spiegel zu betrachten. Einmal fiel mein Blick dabei auf meine Mutter. Sie stand ein paar Meter von mir entfernt vor einem Regal und dachte über irgendetwas nach. Ich fragte mich, worüber, denn die Hosen dort waren für mich zu groß. Schließlich zog sie eine Jeans aus dem Stapel und kam auf mich zu.

„Was meinst du?", sagte sie. „Ich könnte ja auch einmal eine ausprobieren."

Ihre Frage verwirrte mich. Bis zu diesem Zeitpunkt hatte ich mir noch nie Gedanken über die Kleidung meiner Mutter gemacht. Ich hatte mir ja noch nicht einmal Gedanken über meine eigene Kleidung gemacht. Noch vor wenigen Monaten hatte ich widerspruchslos alles getragen, was meine Mutter mir gekauft hatte. Auf einmal ihr Ratgeber in Bekleidungsfragen zu sein, passte nicht in unser Verhältnis. Außerdem gefiel mir die Vorstellung nicht, sie könnte tatsächlich eine Jeans tragen. Ich kannte sie nur in Röcken und Blusen – und nicht nur sie. Genau genommen hatte ich noch nie einen Erwachsenen im familiären Umfeld meiner Eltern oder in ihrem Freundeskreis in Jeans gesehen.

Jeans waren keine Hosen für Erwachsene, wie ich sie kannte – und ich wollte auch, dass das so blieb. Wenn wir, meine Freunde und ich, eine Jeans haben wollten, dann nicht, weil die Erwachsenen sie trugen, sondern weil sie sie *nicht* trugen.

Von der Frage meiner Mutter überrumpelt, sagte ich nur: „Ja, warum denn nicht."

Sie nickte und verschwand mit der Hose in der Umkleidekabine. Ich war nicht glücklich über diese Entwicklung. Wir waren hierhergekommen, um eine Hose *für mich* zu kaufen, nicht für sie. Außerdem konnte ich mir meine Mutter in Jeans nicht vorstellen. Aber es war nichts daran zu ändern, und ich wartete.

Als sie aus der Kabine kam, war der Anblick sonderbar. Die Frau, die vor mir stand, war unzweifelhaft meine Mutter, doch irgendwie war sie es auch nicht. Die Jeans schien aus ihr eine andere Person zu machen. Sie glich auf einmal der Verkäuferin, die so anders war und auftrat als sie.

„Nun? Findest du, dass mir eine Jeans steht?"

Wie hätte ich diese Frage beantworten sollen? Es war so, als hätte sie mich aufgefordert, mich zwischen ihr und einer anderen Person als Mutter zu entscheiden. Doch das wollte ich nicht. Ich wollte, dass sie die war und blieb, die ich kannte, seit ich denken konnte: eine verlässliche Versorgungsinstanz[4], die immer und zu jeder Zeit bereit war, für mich und mein Wohl alles stehen und liegen zu lassen. […]

Offenbar war sie fasziniert von dem Gedanken, eine Jeans zu tragen, und zugleich schien sie davor zurückzuschrecken. Jedenfalls war ihr meine Meinung dazu wichtig, aber ich blieb stumm.

1 **Konfektionsgröße:** Größe eines Kleidungsstücks

2 **Skepsis:** Zweifel, Bedenken

3 **ausgestellt:** *hier:* Bezeichnung einer Schnittform, bei der die Hose am Oberschenkel eng anliegt und vom Knie abwärts weiter ausfällt (wie z. B. bei einer sogenannten Schlaghose)

4 **Versorgungsinstanz:** *hier:* Person, die für die Versorgung des Ich-Erzählers zuständig ist

Ulrich Woelk: Der Sommer meiner Mutter. München: Beck 2019, S. 9 – 13

LÖSUNGSHILFEN zu 1 a)– 1 b)

1 Führe den ersten Bearbeitungsschritt durch (vgl. dazu C 2.6: Sich orientieren, S. 43).

2 Erschließe den Text mit der Lesemethode für literarische Texte (vgl. B 2, S. 19) und schreibe deine Notizen an den Rand, zum Beispiel:

1. Abschnitt (Z. 1 – 5): Neueröffnung eines angesagten Ladens für Jeansmode, ein „Store“; Kauf einer Jeans aus dem Laden für Ich-Erzähler und Mitschüler ein Muss

2. Abschnitt: (Z. 6 – 11): Ich-Erzähler staunt beim Betreten des Stores

3. Abschnitt: (Z. 12 – 14): Einkaufserlebnis ist völlig anders: freies Bewegen im Raum, …

3 Sammle Stichworte zum Thema, zum Beispiel:

Beziehung Mutter-Sohn, Rollenkonflikt, Abgrenzung durch Kleidungsstil …

4 a) Lege dir einen Schreibplan zur Planung deines analysierenden Textes an. Orientiere dich dabei am dritten Schritt (vgl. C 2.6, S. 46). Du kannst auch die Vorlage aus C 2.5 (S. 42) verwenden.
b) Ergänze deine Ergebnisse zu den Teilaufgaben 1 a) und 1 b) in den ersten beiden Zeilen.

LÖSUNGSHILFEN zu 1 c)– 1 e)

5 a) Markiere im Text die Stellen, in denen deutlich wird, welche Bedeutung eine Jeans für Tobias hat.
b) Markiere außerdem die Textstellen, in denen deutlich wird, welche Bedeutung eine Jeans im Allgemeinen für Jugendliche hat.
c) Ergänze deine Ergebnisse zu der Aufgabe 1 c) in der dritten Zeile deines Schreibplans. Beginne so:

Bedeutung einer Jeans für Tobias/andere Jugendliche:

– begehrtes Kleidungsstück, ein „Muss“ (Z. 4 f.)

– Jeans muss aus „dem Store“ kommen (Z. 4/5)

– bestimmte Passform/Marken wichtig (Z. 30 f.)

– keine Hose für Erwachsene (Z. 51), Jeans vermittelt Zugehörigkeit

TIPP zu 5 a)/b)/c)

Markiere im Text die Textstellen, die sich auf **Tobias** bzw. die **Jugendlichen** beziehen, **mit unterschiedlichen Farben**. So kannst du die Textstellen der Teilaufgabe übersichtlich zuordnen und getrennt im Schreibplan aufnehmen.

6 a) Welche Eindrücke und Reaktionen hat bzw. zeigt Tobias beim Betreten des Stores (Gedanken, Ausrufe, Beobachtungen). Markiere diese im Text bzw. suche nach Textstellen aus denen du diese ableiten kannst.

b) Notiere anhand von Textbeispielen, wie es dem Autor gelingt, Tobias Eindrücke so anschaulich zu schildern. Berücksichtige dazu die Wortwahl, den Satzbau und die verwendeten Sprachbilder (Teilaufgabe **1** d). Ergänze deine Notizen in der vierten Zeile des Schreibplans.

– ist überwältigt (Z. 6) = treffendes Adjektiv

– Vergleich mit herkömmlichen Geschäften (Z. 6/7: „als öffnete sich vor mit eine neue Welt“) hebt Faszination hervor

– Ausruf „Wie anders hier!“ (Z. 12) zeigt Besonderheit des Stores

– Beschreibungen bekannter Geschäfte durch negative Adjektive, Verben wie „lustlos“, „sehr eng“, „strenge Verkäuferin“, „befragt werden“ …

– Kontrast zu positiver Beschreibung des Stores durch Wortwahl wie „sich frei bewegen können“, „aufgeregtes Gewusel“, „lächelnde, fachkundige Verkäuferin“ …

– viele Attribute: „meterlange“ Regale, alle „denkbaren“ Größen …, bewirken gute Vorstellung des Einkaufs …

TIPP zu 5 – 8

1. Durch die Teilaufgaben wird dir die Gliederung des Hauptteils deines Textes schon vorgegeben.
2. Wichtig ist, dass du die einzelnen Arbeitsschritte der Teilaufgaben in deinen Schreibplan aufnimmst. Hier bedeutet das: Die **Darstellung** der Bedeutung einer Jeans für Tobias und andere Jugendliche (**1** c), die **Schilderung**, wie und wodurch deutlich wird, wie beeindruckt Tobias von dem Geschäft und dem Angebot ist. Außerdem die **Untersuchung** der dazugehörigen formalen und sprachlichen Aspekte, wie Satzbau, stilistische Mittel und der Wortwahl (**1** d) sowie die Erläuterung von Tobias Reaktion auf den Kaufwunsch seiner Mutter und seiner bisherigen Wahrnehmung ihrer Kleidung (**1** e).
3. In der Stellungnahme (**1** f) wird nicht ausdrücklich von dir erwartet, dass du Textbelege anführst. Du musst dich jedoch auf den Inhalt des Textes beziehen und solltest dazu Zeilenangaben machen, um deine Ergebnisse zu belegen.

7 Erläutere, wie Tobias den Kleidungsstil der Mutter bisher wahrgenommen hat und wie er nun reagiert, als seine Mutter überlegt, sich eine Jeans zu kaufen (Teilaufgabe **1** e):

a) Markiere in einer weiteren Farbe die Textstellen, die verdeutlichen, wie die Mutter bisher gekleidet war und welche Gedanken Tobias sich dazu gemacht hat.

b) Markiere nun die Textstellen, die Tobias Reaktion auf den Kaufwunsch der Mutter beschreiben. Benenne ihre Gedanken und Verhaltensweisen.

c) Notiere deine Ergebnisse in der fünften Zeile des Schreibplans.

– Tobias hat nie über Mutters Kleidung nachgedacht (Z. 42f.)

– Kleidung der Mutter: Röcke, Blusen, wie alle Erwachsenen (Z. 48)

– ist überrascht, überrumpelt über den Kaufwunsch (Z. 42)

– ärgerlich: Kauf war nur für Tobias geplant (Z. 57/58)

– sprachlos, verwirrt: kann in der Person in Jeans nicht Mutter erkennen (Z. 60 ff.)

LÖSUNGSHILFEN zu 1 f)

8 a) Lies noch einmal die Aussage in der letzten Teilaufgabe (1 f), zu der du Stellung nehmen sollst.
b) Kannst du dich der Aussage der Schülerin anschließen oder bist du anderer Meinung? Notiere deine Position in der letzten Spalte des Schreibplans.
c) Sammle stichwortartig Begründungen, die deine Position unterstützen. Beziehe dich dabei auf den Text.

Ich stimme der Aussage der Schülerin nicht zu:
– Tobias und Mutter haben gleichen Geschmack
– was für Tobias gilt, sollte auch für die Mutter gelten (Abgrenzung von traditioneller Kleidung)
– Mutter kann so Mut und Modegeschmack zeigen …

TIPP zu 8

1. Wenn du zu einem Zitat aus dem Text und/oder zu einer Aussage zum Text Stellung nehmen musst, gehe so vor:
   - Gib die Aussage wieder und erläutere sie kurz, wenn nötig.
   - Stelle deine eigene Position dazu dar und begründe, warum du auch dieser Meinung bist oder warum du sie nicht teilen kannst.
   - Beziehe dich in deiner Argumentation auf den Text, indem du Textbelege heranziehst.
2. Nutze folgende Formulierungen: *Meiner Ansicht nach … / Ich bin der Meinung, dass … / Ich vertrete den Standpunkt, dass … / Einerseits … / andererseits … / Daraus folgt … / Sicherlich muss man auch bedenken … / Das heißt auch, dass … / Wichtig erscheint mir, d ass …*

9 Formuliere deinen Textentwurf anhand deines Schreibplans in vollständigen Sätzen. Setze nach der Erarbeitung jeder Teilaufgabe einen Absatz. So kannst du beginnen:

In dem Textauszug „Der Sommer meiner Mutter“ von Ulrich Woelk aus dem Jahre 2019 geht es um das Verhältnis zwischen Mutter und Sohn und die Vorstellung, die Tobias von seiner Mutter hat.
Der Jugendliche Tobias will seine erste Jeans kaufen, in einer Zeit, in der Jeans noch etwas völlig Ausgefallenes sind. Gemeinsam mit seiner Mutter besucht er ein Geschäft, das erst vor Kurzem eröffnet wurde. …

10 Überarbeite deinen Textentwurf mithilfe der CHECKLISTE auf Seite 51.

E 4 Aufgabentyp 4a: Den Mund voll ungesagter Dinge (selbstständiges Üben)

Teil II

Lies bitte zunächst den Text, bevor du die Aufgaben bearbeitest.
Schreibe einen zusammenhängenden Text.

AUFGABENSTELLUNG

Analysiere den Textauszug aus dem Roman „Den Mund voll ungesagter Dinge“ von Anne Freytag. Gehe dabei so vor:

- **Schreibe** eine Einleitung, in der du Textsorte, Titel, Autorin und Erscheinungsjahr **benennst** sowie das Thema **formulierst**.
- **Fasse** den Text kurz **zusammen**.
- **Stelle dar**, wie sich Sophie bei der Abfahrt ihrem Vater gegenüber verhält.
- **Untersuche**, wie durch sprachliche Mittel deutlich wird, wie unglücklich Sophie über den Abschied von ihrem Zuhause ist (Z. 16 – 35) (*mögliche Aspekte: Wortwahl, Satzbau, stilistische Mittel*).
- **Erläutere**, wie der Vater an der Tankstelle versucht, die Situation zu entspannen, und wie Sophie darauf reagiert.
- **Setze dich** im Schlussteil kritisch mit der folgenden Aussage einer Schülerin **auseinander**: *„Sophie sollte ihrem Vater gegenüber ehrlich sein.“*
  - **Nimm Stellung zu** der Aussage.
  - **Begründe** deine Meinung.
  - **Belege** deine Ausführungen am Text.

Den Mund voll ungesagter Dinge (Textauszug) *Anne Freytag*

Sophie ist alleine bei ihrem Vater aufgewachsen. Als sie siebzehn Jahre alt ist, geht dieser eine neue Partnerschaft ein. Der Vater beschließt, mit ihr von Hamburg nach München zu ziehen, wo seine neue Partnerin Lena lebt.

Die Osterferien sind vorbei. Und mit ihnen unser Leben in Hamburg. Ich sitze auf dem Beifahrersitz und versuche, nicht daran zu denken, dass das hier das Ende ist. Zumindest ein Ende. Eben war dieses alte Backsteinhaus noch mein Zuhause. Jetzt ist es das nicht mehr. Meine Augen brennen, aber ich werde nicht weinen. Nicht wegen so etwas.

Mein Vater öffnet die Fahrertür und lässt sich neben mir auf den Sitz fallen, dann atmet er tief ein, so als wären wir im Schwimmbad und er würde jeden Augenblick untertauchen. „Also gut, Motte“, sagt er und stößt langsam die Luft aus, „dann wollen wir mal.“

Ich will nicht. Ich will meine drei Kisten wieder auspacken und hierbleiben. Aber es geht nicht um das, was ich will. Wenn man siebzehn ist, tut es das eigentlich nie.

„Hast du alles?“

Ich antworte mit einem langsamen Nicken, weil er sonst in meiner Stimme hören würde, was ich ihm zuliebe für mich behalte. Ich weiß, dass er einen Neuanfang braucht. Für meinen Vater war dieser Schritt lange überfällig. Wütend macht es mich trotzdem.

Papa startet den Motor. Er wirft noch einen letzten, flüchtigen Blick auf das Haus, in dem ich Laufen gelernt habe, dann legt er den Rückwärtsgang ein und manövriert den vollbepackten Kombi aus der Einfahrt. Wir fahren die schmale Allee hinunter. Ihre nackten Linden[1] stehen Spalier[2] wie hölzerne Skelette, die sich regungslos von uns verabschieden. Sie werden uns nicht vermissen. Aber ich

Quelle (Aufgaben): Qualitäts- und UnterstützungsAgentur – Landesinstitut für Schule, Soest 2021

werde sie vermissen. Ihren Duft und das Rascheln ihrer Blätter im Wind. Wenn man von den Wintermonaten absieht, bin ich die vergangenen sechzehn Jahre zu diesem Geräusch eingeschlafen.

„Sophie, ist alles okay?“

Ich schaue zu ihm rüber. „Klar“, sage ich, „alles gut.“ Meine Stimme verrät, dass nichts gut ist. Papa weicht meinem Blick aus und schweigt. Es ist ein lautes Schweigen. Wir holpern über das Kopfsteinpflaster. [...] Das Leben, wie ich es kannte, ist vorbei. Es endet genau jetzt. In diesem Moment. Und jeder Meter, der uns von unserem alten Haus trennt, vertieft den sauberen Schnitt, den mein Vater für uns entschieden hat. Es ist ein Schnitt, der meine Kindheit und Jugend aus meinem Gesamtbild herausschneidet. Ich will schreien, aber ich verziehe keine Miene. Ich schaue nur reglos aus dem Fenster.

Etwas über eine Stunde später halten wir an einer Tankstelle, kaufen ein paar Getränke und belegte Brote, die so aussehen, als wären sie aus dem letzten Jahrhundert.

„Geh du ruhig schon mal ins Auto, ich bezahle derweil[3]“, sagt Papa und hält mir den Schlüssel entgegen. [...]

Als etwas später plötzlich die Fahrertür neben mir aufgeht, zucke ich kurz zusammen und folge dem Geräusch. Mein Vater steigt ein und streckt mir zwei Packungen Kekse entgegen. „Hier, für dich, Motte.“ Ich muss lächeln. „Danke.“

„Das war noch nicht alles.“ Auf seiner großen Handfläche liegen drei Butterstückchen in goldglänzendem Papier. „Was wäre so eine lange Reise ohne dein Lieblingsessen?“ Ich presse kurz die Lippen aufeinander, dann greife ich danach. „So, jetzt müssen wir aber.“ Er zwinkert mir zu. „Ich habe Lena eben angerufen. Sie freut sich schon sehr auf uns.“

„O ja, ich wette, sie freut sich besonders auf mich.“ [...]

„Und München ist eine wirklich schöne Stadt. Ganz ähnlich wie Hamburg, nur etwas kleiner.“

„Ja, und in Bayern.“

„Motte, das wird toll, du wirst schon sehen“, übergeht er meinen Kommentar. „Ich kann immer noch nicht glauben, wie super alles hingehauen hat.“

„Was alles?“, frage ich nüchtern.

„Na ja, ich meine, mein neuer Job beginnt erst in zwei Wochen, der Resturlaub hat genau gereicht, um alles zu organisieren und den Umzug über die Bühne zu bringen, und die Schulferien liegen dieses Jahr einfach perfekt!“ Er schaut kurz zu mir rüber. „Jetzt hast du immer noch deine gesamten Osterferien vor dir. [...] Wir haben zwei Wochen Zeit, uns alles in Ruhe anzuschauen und uns einzugewöhnen. Wir könnten ins Gebirge fahren oder nach Italien. [...] Da wolltest du doch immer hin.“ Sein Blick fleht mich an, Ja zu sagen. Ja, das ist toll. Ja, das freut mich. Ja, da wollte ich immer hin. Hauptsache Ja.

Eigentlich will ich antworten, dass mich weder Italien noch die Berge noch seine blöde Freundin auch nur im Geringsten interessieren, aber ich bringe es nicht über mich, ihm so wehzutun. Also atme ich tief ein und entscheide mich für Variante drei und sage: „Ja, du hast recht, das wollte ich.“ Das ist nicht mal gelogen. [...]

1 **Linde (Plural: Linden):** eine Baumart

2 **Spalier stehen:** *hier:* dicht an dicht in einer Reihe stehen

3 **derweil:** in der Zwischenzeit

Anne Freytag: Den Mund voll ungesagter Dinge. Heyne, München 2017, S. 13 – 17 (Text gekürzt und geringfügig verändert)

E 5 Aufgabentyp 4a: Silbermond: B 96 (selbstständiges Üben)

Teil II

Lies bitte zunächst den Text, bevor du die Aufgaben bearbeitest.
Schreibe einen zusammenhängenden Text.

AUFGABENSTELLUNG

Analysiere den Liedtext „B 96“ von der Gruppe Silbermond.

Gehe dabei so vor:

- **Schreibe** eine Einleitung, in der du Titel, Autor, Textart und Erscheinungsjahr **benennst** und das Thema **formulierst**.
- **Fasse** den Inhalt des Songs kurz **zusammen**.
- **Beschreibe** die Gefühle, die das lyrische Ich am dargestellten Ort empfindet, und ziehe daraus Schlussfolgerungen bezüglich der Beziehung zu seiner Heimat. Belege deine Ergebnisse mit Textstellen.
- **Erkläre**, warum der zweite Refrain um einen weiteren Vers (V. 36) ergänzt worden sein könnte.
- **Erläutere** anhand der sprachlichen Gestaltung, woran deutlich wird, dass der „Hinterwald“ auf viele Orte übertragbar ist (*mögliche Aspekte: Zeit- und Ortsangaben, Wortwahl, Metaphern, Alliterationen*).
- Ein Mitschüler sagt über den Songtext: *„Das lyrische Ich hat sicher einen sehr stressigen Alltag, denn ansonsten würde es die Einsamkeit zu Hause nicht so suchen.“*
  - **Nimm Stellung** zu dieser Aussage.
  - **Begründe** deine Meinung.
  - **Belege** deine Ausführungen am Text.

B 96 (2015) *Silbermond*

Über blassgelben Feldern
Schüchtern und scheu
Und ein taufrischer Morgen
Neblig und neu
Und die frühesten Vögel
Hauen den Morgenappell
An das rostige Hoftor
Bis es irgendwann umfällt
Und es dauert nicht lang
Bis die Gedanken verträumt sind
Hier an der B 96

Und die Welt steht still hier im Hinterwald
Und das Herz schlägt ruhig und alt
Und die Hoffnung hängt am Gartenzaun
Und kaum ein Mensch kommt je vorbei
Im Hinterwald
Wo mein Zuhause ist
Schön wieder hier zu sein

Versteckt unter Heu
Liegen Sachen von dir
Aber auch 'ne drei viertel Kindheit
Verbeult und ramponiert
Und seit zwanzig Jahren
Brennt ein Licht überm Stammtisch
Und seit zehntausend Jahren
Zerreißen Menschen sich Mäuler
Über alles und jeden
Also alles beim Alten
Hier an der B 96

Und die Welt steht still hier im Hinterwald
Und das Herz schlägt ruhig und alt
Und die Hoffnung hängt am Gartenzaun
Und kaum ein Mensch kommt je vorbei
Im Hinterwald
Wo mein Zuhause ist
Erinnerungen holen mich ein
Schön wieder hier zu sein

Und die Welt
Steht still
Hier im Hinterwald
Und das Herz
Schlägt ruhig
Hier im Hinterwald
Und die Welt
Steht still
Hier im Hinterwald
Und das Herz
Schlägt ruhig
Hier im Hinterwald

B 96. Text: (OT) Kloss, Stefanie / Nowak, Andreas / Stolle, Johannes / Stolle, Thomas

Informationen zum Song:

Die B 96 ist eine Bundesstraße, die im Osten Deutschlands von Sachsen nach Mecklenburg-Vorpommern verläuft.
Silbermond ist eine deutsche Rock-Pop-Band, die 1998 in Bautzen gegründet wurde. Die B 96 fährt die Sängerin regelmäßig von Berlin auf dem Weg nach Hause.

F Prüfungsaufgaben zum Themenbereich „Digitale Welten“

In diesem Kapitel bearbeitest du zu dem Thema „Digitale Welten“ mehrere Prüfungsbeispiele. Notiere die benötigte Arbeitszeit (siehe Seite 7).

F 1 Leseverstehen: Friedhof der Mobiltelefone (angeleitetes Üben)

Teil I

Lies zunächst den Text sorgfältig durch und bearbeite anschließend die Aufgaben **1** – **11**.

Friedhof der Mobiltelefone *Uwe Pollmeier*

Schlummernde[1] Schätze: In Deutschland liegen Millionen von Handys ungenutzt in Schubladen und Schränken. Die Wiederverwertung wertvoller Rohstoffe könnte die Umwelt schonen. Erste Anlaufstelle wären Handy-Shops oder ein Entsorgungspunkt.[2]

(1) Vor 26 Jahren gab es in Deutschland gerade einmal 950.000 Mobilfunkverträge. Somit hatte nicht einmal jeder 80. Bundesbürger ein Handy, was aus heutiger Sicht verschwindend wenig ist. Die aktuellen Zahlen zeigen, dass derzeit jeder Deutsche im Durchschnitt 1,5 Mobilfunkanschlüsse hat. Hinzu kommen rund 130 Millionen Handys, die dafür genutzt werden. Ebenso viele Mobiltelefone schlummern jedoch auf Dachböden, in Kellern oder in der hintersten Ecke der Schreibtischschublade.
(2) Laut einer Umfrage [...] liegen derzeit rund 124 Millionen Handys ungenutzt herum. Die Zahl ist rasant angestiegen [...]; allein in den drei vergangenen Jahren ist der Müllberg von Althandys um ein Viertel angestiegen. „Das ist wirklich ein gesellschaftliches Problem“, sagt Andreas Dierkes, Pressesprecher der Gesellschaft zur Entsorgung von Abfällen im Kreis Gütersloh, die auch einen Entsorgungspunkt betreibt. Er spricht sich dafür aus, die nicht mehr benötigten Handys beim Entsorgungspunkt abzugeben, schließlich enthalten sie wichtige Rohstoffe, die wunderbar recycelt werden können. [...] „Wir sind ja ein Land, in dem es sehr wenige Rohstoffe gibt, daher müssen wir diese Vorräte nutzen“, sagt Dierkes. Denn in den alten Telefonen stecken noch viele Edelmetalle wie Gold und Silber sowie andere Wertstoffe, die beim Recycling wiedergewonnen werden können. Ein Mobiltelefon besteht etwa zu einem Viertel aus wertvollen Metallen.
(3) Wie viele Handys im Jahr am [...] Entsorgungspunkt der Gesellschaft zur Entsorgung abgegeben werden, kann Dierkes nicht sagen. „Wir sammeln die Geräte nicht getrennt ein. Sie gehören zu den Kleingeräten und landen somit gemeinsam mit Mixer oder Haartrockner auf einem Haufen“, sagt Dierkes. Von dort gehen die Handys an Spezialfirmen, die den Rückbau der Geräte vornehmen und fein säuberlich Schrott von wertvollem Restmaterial trennen. „In sehr komplizierten Einzelarbeiten werden die Metalle herausgefiltert“, sagt Dierkes. Ein Aufwand, der sich offensichtlich lohnt, denn laut Dierkes gibt es unter den Firmen, die das gebrauchte Handy genau untersuchen, einen großen Wettbewerb.

(4) „Bei uns geht alles zertifizierte[3] Wege“, sagt Dierkes. Er wisse aber auch, dass viele Geräte in Afrika landen, wo sie „unter erbärmlichen Bedingungen für die Arbeiter und unter keineswegs umweltfreundlichen Bedingungen“ auseinandergenommen werden. Schließlich sind einige Bestandteile in den Geräten giftig – wie etwa Kabel, Platinen[4] oder Batterien. Diese müssen sauber entsorgt werden und dürfen nicht verbrannt werden.

(5) Der Zeitraum, in dem die Elektrogeräte genutzt werden, so Dierkes, werde immer kurzlebiger. „Sechs von zehn Smartphone-Nutzern haben ihr Gerät im vergangenen Jahr gekauft“, erklärt der Umweltexperte Kai Kallweit. Aktuell hätten 80 Prozent der Bundesbürger ab 14 Jahren mindestens ein unbenutztes Handy zu Hause. Mehr als die Hälfte aller Befragten gaben sogar an, zwei oder mehr in Dornröschenschlaf[5] gefallene Mobiltelefone zu sammeln. „Einige bauen anscheinend ein sehr emotionales Verhältnis zu ihrem Mobiltelefon auf und wollen es dann nicht mehr abgeben“, sagt Dierkes.

(6) Wer sein altes Handy nicht extra an den Rand der Stadt zum Entsorgungspunkt bringen möchte, kann es auch bei einem größeren Fachgeschäft abgeben bzw. in eine Wertstoffbox werfen. Auf gar keinen Fall gehören die alten Telefone in den Hausmüll, wo allerdings auch jetzt noch zwei Prozent der Geräte landen. Ab und zu gibt es auch Sammelaktionen wohltätiger Einrichtungen oder in Schulklassen. In der Regel nehmen auch Handy-Shops die alten Kommunikationsgeräte wieder zurück.

(7) „Bei uns können alte Mobiltelefone abgegeben werden. Wir schicken sie dann an einen Mobilfunkanbieter, und von dort aus werden sie entsorgt bzw. wiederverwendet“, sagt Pascal Niebrügge, Mitarbeiter eines Handy-Shops. Er schätzt, dass im Schnitt pro Woche weniger als zwei Kunden vorbeikommen, um ihr altes Gerät abzugeben. „Einige lassen es da, wenn sie ein neues Handy kaufen. Andere kommen einfach so“, sagt Niebrügge. Wichtig ist es in jedem Fall, vorab die persönlichen Daten zu löschen, etwa indem man das Gerät auf die Werkseinstellungen zurücksetzt. […]

(8) In den USA gibt es einen ganz neuen Weg, um möglichst viele alte Handys wieder einsammeln zu können. An zahlreichen Standorten steht der Automat ecoATM. Er sieht aus wie ein Geldautomat, und wenn man das alte Handy in den Eingebeschacht legt, wird ein Restwert ermittelt und ausgezahlt.

1 **schlummernd:** *hier:* versteckt und unsichtbar

2 **Entsorgungspunkt:** Abgabestelle für Wertstoffe

3 **zertifiziert:** *hier:* geprüft anhand bestimmter Vorgaben

4 **Platine:** dünne Platte für elektronische Bauteile, häufig mit Silber oder Kupfer beschichtet, die man z. B. in Handys findet

5 **Dornröschenschlaf:** *hier:* Anspielung auf ein Märchen, in dem eine Prinzessin namens Dornröschen in einen hundertjährigen Schlaf fällt

Uwe Pollmeier, Neue Westfälische, 04.04.2018 (Text gekürzt und geringfügig verändert)

LÖSUNGSHILFEN zu 1 – 11

1 Erschließe zuerst den Text sorgfältig, bevor du dich den Aufgaben zuwendest (vgl. dazu B 3, S. 21). Das heißt, du

- klärst unbekannte Begriffe,
- markierst wichtige Schlüsselstellen,
- formulierst Zwischenüberschriften.

Zu deiner Orientierung ist der vorgegebene Text schon in Sinnabschnitte gegliedert.

2 Lies jede Aufgabe gründlich:
- Markiere darin die Schlüsselwörter, die dir Hinweise darauf geben, was du tun sollst.
- Achte darauf, ob in der Aufgabenstellung der Singular oder der Plural verwendet wird, z. B. *Kreuze die richtige/n Antwort/en an.* So weißt du, ob du eine oder mehrere Antworten ankreuzen musst.
- Die Aufgaben enthalten Hinweise auf den Abschnitt, den Satz oder Zeile/n, die du besonders in den Blick nehmen musst. Dieser Hinweis erleichtert dir das Finden der richtigen Lösung.

AUFGABEN 1 – 11

TIPP zu 1 / 2 / 5 / 6 / 8 / 9: Richtige Aussagen ankreuzen

Suche zu jeder Aussage die passende Stelle im Text und unterstreiche sie. Überprüfe genau, ob die Textstelle mit der Aussage unten übereinstimmt bzw. worin sie sich unterscheiden. Achte auf Wortwahl, Fragestellung, Schlüsselwörter.

1 Kreuze die richtige Antwort an.

Der Autor stellt fest, dass (Abschnitt 1) …

a) heute alle Deutschen genau einen Mobilfunkanschluss haben. ☐
b) sich früher nur wenige Bundesbürger ein Handy leisten konnten. ☐
c) heute deutschlandweit etwa 130 Millionen Handys in Gebrauch sind. ☐
d) es früher deutschlandweit mehr Mobilfunkverträge als Handybesitzer gab. ☐

2 Kreuze die richtige Antwort an.

Andreas Dierkes möchte erreichen (Abschnitt 2), dass …

a) alte Handys viel länger genutzt werden. ☐
b) Entsorgungspunkte mehr genutzt werden. ☐
c) Deutschland ein rohstoffreiches Land wird. ☐
d) eine Handy-Recyclingpflicht eingeführt wird. ☐

3 Erläutere im Textzusammenhang (Abschnitt 2), warum nach Ansicht von Andreas Dierkes das Recycling von alten Handys in Deutschland wichtig ist.

____

____

____

____

____

TIPP zu 3 / 7: den Textzusammenhang berücksichtigen

1. Mache dir klar, was die Textaussage bedeutet (z. B. Was bedeutet *Recycling*?)
2. Lies noch einmal den angegebenen Abschnitt.
3. Markiere die Textstellen, auf die du dich beziehen willst.
4. Formuliere die Antwort mit eigenen Worten.

Quelle (Aufgaben): Qualitäts- und UnterstützungsAgentur – Landesinstitut für Schule, Soest 2021

TIPP zu 4: Textaussagen in die richtige Reihenfolge bringen

1. Lies noch einmal den angegebenen Abschnitt und markiere die dort genannten Schritte.
2. Kennzeichne die Reihenfolge mit Ziffern: 1–4.
3. Vergleiche die Schritte mit den Stichworten der Aufgabenstellung.
4. Nummeriere danach die Stichworte in der rechten Spalte der Tabelle.

4 Bringe die folgenden Recyclingschritte, wie von Dierkes erläutert (Abschnitt 3), in die richtige Reihenfolge.

	Schritte	Reihenfolge (1, 2, 3, 4)
a)	Aussortieren aus anderen Kleingeräten	
b)	Trennung von Schrott und wertvollen Metallen	
c)	Weitergabe an Spezialfirmen	
d)	Abgabe an einer Entsorgungsstation	

5 Kreuze die richtige Antwort an.

Alte Handys, die nach Afrika gelangen, werden laut Dierkes dort (Abschnitt 4), …

a) ohne Rücksicht auf die Umwelt in Einzelteile zerlegt. ☐
b) ohne Rücksicht auf die Brandschutzregeln entsorgt. ☐
c) auf zertifiziertem Wege umweltgerecht entsorgt. ☐
d) auf bestimmte giftige Bestandteile hin geprüft. ☐

6 Kreuze die richtige Antwort an.

Der Umweltexperte Kai Kallweit erklärt (Abschnitt 5), dass …

a) Smartphone-Besitzer meist älter als 14 Jahre alt sind. ☐
b) aktuelle Smartphones eine längere Lebenszeit haben. ☐
c) Smartphones aus emotionalen Gründen gekauft werden. ☐
d) Smartphone-Nutzer immer schneller neue Handys kaufen. ☐

7 Benenne mindestens zwei Möglichkeiten, die der Autor neben der Abgabe des Handys beim Entsorgungspunkt empfiehlt (Abschnitt 6).

____

____

____

____

8 Kreuze die richtige Antwort an.

Wenn ein altes Handy in einem Handy-Shop abgegeben wird (Abschnitt 7), …

a) wird es dort auf die Werkseinstellungen zurückgesetzt. ☐
b) sollte dort dafür ein neues Smartphone gekauft werden. ☐
c) wird dieses an einen Mobilfunkanbieter weitergeleitet. ☐
d) sind im Durchschnitt zwei Kunden daran interessiert. ☐

9 Kreuze die richtige Antwort an.

An neuen Automaten in den USA können Besitzer alter Handys diese (Abschnitt 8) ...

a) verkaufen oder spenden. ☐
b) versteigern oder tauschen. ☐
c) updaten lassen und verkaufen. ☐
d) bewerten lassen und verkaufen. ☐

10 Erkläre den Zusammenhang zwischen der Grafik und dem Text.

Illustration: Thies Schwarz, Hannover (Die Abbildung weicht aus lizenzrechtlichen Gründen von der Darstellung in der Original-Prüfung ab.)

TIPP zu 10

Einen Zusammenhang zwischen Grafik und Text erklären

1. Mache dir zunächst Stichpunkte zu dem, was auf der Grafik dargestellt ist.
2. Fasse die Aussage der Grafik zusammen: *Bei der Grafik geht es darum, dass ...*
3. Vergleiche die Aussage der Grafik mit den Aussagen im Text: Welche Gemeinsamkeiten erkennst du? *Die Aussage der Grafik stellt einen Zusammenhang mit folgenden Textaussagen dar. Im Text heißt es ...*

____

____

____

____

TIPP zu 11: Zu einer Aussage Stellung nehmen

1. Entscheide dich für eine der beiden Möglichkeiten: *Ich stimme zu/nicht zu.*
2. Überfliege den Text noch einmal und markiere Textaussagen, die deine Auffassung unterstützen.
3. Greife zu Beginn die Aussage, zu der du dich äußern willst, noch einmal auf.
4. Beziehe dich bei deiner Begründung auch auf die markierten Textaussagen (*Wenn Recyclingautomaten an vielen Standorten stehen, ermöglicht das den Handy-Besitzern, die sich von ihrem alten Handy trennen wollen, die Möglichkeit, sich ...*).

11 Nach dem Lesen des Textes sagt ein Schüler: *„Wenn in Deutschland mehr alte Handys umweltgerecht entsorgt werden sollen, brauchen wir unbedingt Recyclingautomaten.“*

Schreibe eine kurze Stellungnahme zu dieser Aussage. Du kannst der Auffassung zustimmen oder nicht. Wichtig ist, dass du deine Meinung begründest. Beziehe dich dabei auf den Text.

____

____

____

____

F 2 Leseverstehen: Warum ich im Supermarkt auch ohne Payback-Karte ausgeforscht werde (selbstständiges Üben)

Teil I

Lies zunächst den Text sorgfältig durch und bearbeite anschließend die Aufgaben **1** – **12**.

Warum ich im Supermarkt auch ohne Payback-Karte ausgeforscht werde *Bernd Kramer*

(1) „Haben Sie eine Payback-Karte[1]?“, fragt die Kassiererin. Es ist einer der wenigen Momente, in denen ich mich wie ein Mensch fühle, der den Datenschutz ernst nimmt. Wie ein Kunde, der sich bewusst verhüllt, statt sich gläsern[2] zu machen. „Nein“, sage ich mit voller Überzeugung. „Natürlich nicht.“ Ich weiß ja, was der Handel mit Rabattkarten bezweckt: Er will mich ausforschen.

(2) Die amerikanische Supermarktkette Target fand mithilfe solcher Kundenkartendaten zum Beispiel heraus, wie man schon ziemlich früh schwangere Frauen identifiziert: Ab einem gewissen Zeitpunkt neigen sie unter anderem dazu, parfümfreie Körperpflegeprodukte zu kaufen. Je früher die Händler werdende Mütter erkennen, desto gezielter können sie sie umwerben. Das führte bereits zu kuriosen[3] Situationen: Eines Tages kam ein Vater empört in den Laden, weil die Supermarktkette seiner Tochter Gutscheine für Babykleidung geschickt hatte. Sie gehe doch noch zur Schule, schimpfte der Vater. Target wusste bereits von der Schwangerschaft, bevor die junge Frau es ihrer Familie sagte.

(3) Auch die Deutschen helfen dem Handel sehr bereitwillig beim Datensammeln. Payback, der größte Rabattkartenanbieter, hat nach eigenen Angaben hierzulande 30 Millionen aktive Nutzerinnen und Nutzer. Aber sind die anderen, die sich nicht von ein paar Prämien locken lassen, wirklich so gut getarnt?

(4) Die Händler mit Ladenlokal lassen sich inzwischen einiges einfallen, um ihre Kunden so zu durchleuchten wie die Konkurrenten im Internet. Die Supermarktkette Real erfasste zum Beispiel eine Zeit lang die Gesichter der Kunden an der Kasse, wenn sie auf Werbebildschirme schauten. So lässt sich personalisierte Werbung ausspielen – wie im Internet. Erst nach öffentlichem Protest wurde das Projekt eingestellt, in einigen Filialen der Deutschen Post ist es weiterhin aktiv.

(5) Eine besonders verbreitete Methode macht sich zunutze, dass viele Menschen die WLAN-Funktion ihres Handys nicht ausschalten, wenn sie den Laden betreten. Ein Smartphone sucht in der Regel automatisch nach Netzen in der Nähe und schickt dem WLAN-Sender dabei eine persönliche Identifikationsnummer des Gerätes, die sogenannte MAC-Adresse. Aus der Signalstärke können die WLAN-Sender in den Läden wiederum ermitteln, wo der Kunde sich gerade befindet: Bleibt er besonders lange an der Wursttheke stehen? Traut er sich nur dann an das Regal mit den Kondomen, wenn gerade keine anderen Kunden in der Nähe sind? Oder greift er ganz schambefreit[4] zu? Und wie oft kommt er überhaupt in den Laden? Jeden Tag? Oder nur einmal in der Woche zum Großeinkauf?

(6) Das EHI Retail Institute aus Köln, eine Forschungseinrichtung des Handels, hat kürzlich 44 Handelsketten befragt. Zehn gaben dabei an, die Laufwege der Kunden bereits zu erfassen, 16 planen es für die Zukunft. Das Bayerische Landesamt für Datenschutzaufsicht befürchtet, dass Funksignale des Handys auch mit anderen Informationen verknüpft werden können, etwa mit Angaben zur EC-Kartenzahlung. Dann wüssten die Händler ziemlich schnell, welches Bewegungsprofil zu welchem Menschen gehört, und statt einer MAC-Adresse, die zweimal in der Woche abends zwischen den Regalen herumirrt, sähen sie dann plötzlich: mich. Auch ganz ohne Payback-Karte.

(7) Bei meinem nächsten Ladenbesuch achte ich darauf, welche WLAN-Netze mein Handy in der Nähe findet. Auch mein Supermarkt taucht in der Liste auf. Am Abend schleppe ich meine Einkäufe nach Hause und schalte zur Erholung Netflix[5] ein. Der Streamingdienst kennt meine Vorlieben schon sehr genau – und schlägt mir „Black Mirror“ vor, eine Serie, die oft von den Überwachungsmöglichkeiten der nahen Zukunft erzählt. Ich nehme mir vor: Von nun an stelle ich das Smartphone öfter aus, sobald ich aus dem Haus gehe.

1 **die Payback-Karte:** eine Kundenkarte, mit der man Rabattpunkte sammeln kann

2 **sich gläsern machen:** ein von Daten überwachter Mensch

3 **kurios:** merkwürdig, ungewöhnlich

4 **schambefreit:** sich nicht für etwas schämen

5 **Streamingdienst „Netflix“:** Internetanbieter, über den man Filme und Serien schauen kann

Bernd Kramer: Mich für nichts. Teil 4. In: fluter – Magazin der Bundeszentrale für politische Bildung. Was gibst du preis? Thema Daten. Herbst 2018/Nr. 68, Seite 14.

AUFGABEN 1 – 12

1 Kreuze die richtige Antwort an.

Der Autor fühlt sich ohne Payback-Karte als jemand, der (Abschnitt 1) ...

a) keine Rabatte erhält. ☐

b) keine Daten hinterlassen möchte. ☐

c) die Kassiererin enttäuscht. ☐

d) von der Kassiererin nicht verstanden wird. ☐

2 Kreuze die richtige Antwort an.

Der Handel will mit Rabattkarten (Abschnitt 2) ...

a) die Kunden zum Sparen anhalten. ☐

b) schwangere Kunden bevorzugen. ☐

c) viele Kundendaten sammeln. ☐

d) die Kunden über Rabatte informieren. ☐

3 Kreuze die richtigen Antworten an.

Der Handel kann viele Kundendaten sammeln, weil die Deutschen (Abschnitt 3) ...

a) sich entgegenkommend verhalten. ☐

b) sich uninformiert verhalten. ☐

c) sich unkritisch verhalten. ☐

d) sich gleichgültig verhalten. ☐

4 Kreuze die richtige Antwort an.

Händler mit einem Ladenlokal orientieren sich an der Konkurrenz (Abschnitt 4) ...

a) in Supermarktketten. ☐

b) der Deutschen Post. ☐

c) im Internet. ☐

d) anderer Ladenlokale. ☐

5 Erläutere, was mit der Aussage *„So lässt sich personalisierte Werbung ausspielen ...“* (Z. 23/24) gemeint ist.

____

____

____

____

6 Kreuze die richtige Antwort an.

Der Aufenthaltsort vieler Menschen kann bestimmt werden, weil (Abschnitt 5) ...

a) die WLAN-Funktion des Handys aktiviert ist. ☐

b) die WLAN-Funktion summt. ☐

c) die WLAN-Funktion aufleuchtet. ☐

d) die WLAN-Funktion ausgeschaltet ist. ☐

7 Kreuze die richtige Antwort an.

„Aus der Signalstärke können die WLAN-Sender in den Läden wiederum ermitteln, ...“ (Z. 31/32)

a) an welcher Stelle im Laden sich Kunden aufhalten. ☐

b) an welcher Stelle im Laden Kunden ihre Smartphones lauter stellen. ☐

c) an welcher Stelle im Laden Kunden sich nach Rabatten erkundigen. ☐

d) an welcher Stelle im Laden Kunden den Einkaufskorb abstellen. ☐

8 Stelle dar, wie durch die WLAN-Funktion des Smartphones der Ort des Benutzers festgestellt werden kann (Abschnitt 5).

____

____

____

____

9 Kreuze die richtige Antwort an.

Das Bewegungsprofil von Kunden wird erfasst durch (Abschnitt 6) ...

a) eine Umfrage einer Forschungseinrichtung. ☐

b) eine Befragung der Handelsketten. ☐

c) das Bayerische Landesamt für Datenschutzaufsicht. ☐

d) die Erfassung der Laufwege. ☐

10 Kreuze die richtige Antwort an.

Nach Aussage des Autors werden seine Interessen auch erkannt von (Abschnitt 7) ...

a) seinem Smartphone. ☐

b) seinem Fernseher. ☐

c) seinem Wochenmarkt. ☐

d) seinem Streamingdienst. ☐

11 Kreuze die richtige Antwort an.

Der Autor nimmt sich vor, von nun an (Abschnitt 7) ...

a) sein Smartphone immer auszustellen. ☐

b) sein Smartphone nie auszustellen. ☐

c) sein Smartphone zu Hause zu lassen. ☐

d) sein Smartphone wiederholt auszustellen. ☐

12 Nach dem Lesen des Textes sagt ein Schüler: *„Die WLAN-Funktion meines Handys ist mir zu wichtig, um sie abzuschalten. Von mir aus können meine Daten ruhig gesammelt werden.“*

Schreibe eine kurze Stellungnahme zu dieser Aussage. Du kannst der Auffassung zustimmen oder nicht. Wichtig ist, dass du deine Meinung begründest. Beziehe dich dabei auf den Text.

____

____

____

____

F 3 Aufgabentyp 4b: Videochats und ihre Folgen (angeleitetes Üben)

Teil II

Lies bitte zunächst die Aufgabe und dann die Materialien aufmerksam durch, bevor du mit dem Schreiben beginnst. Schreibe einen zusammenhängenden Text.

AUFGABENSTELLUNG

1 **Untersuche** die Materialien M1, M2 und M3.

Gehe dabei so vor:

a) **Stelle** die Materialien kurz **vor** und **benenne** das gemeinsame Thema von M1, M2 und M3.

b) **Fasse** die Informationen aus M1 **zusammen**.

c) **Stelle** die wesentlichen Aussagen aus M2 **dar** und **erläutere** sie.

d) **Gib** die Informationen aus M3 **wieder**. **Vergleiche** die Aussagen von M2 und M3 im Hinblick auf die Frage, welche Möglichkeiten es gibt, der „Zoom-Fatigue“ entgegenzuwirken. **Belege** deine Ausführungen am Text.

e) **Setze dich** kritisch mit der folgenden Aussage einer Mitschülerin **auseinander**:
„Videochats sind ausschließlich für die Freizeit gut. In der Schule oder bei der Arbeit machen sie nur krank“.
- **Nimm Stellung** zu der Aussage.
- **Begründe** deine Meinung.
- Beziehe dich dabei auch auf die Materialien M1 bis M3.

M1 Zoom-Fatigue[1]: So überfordern Videochats dein Gehirn

Marilena Potor

Leidest du auch unter „Zoom-Fatigue“? Der Ausdruck beschreibt das Phänomen[2], dass wir uns nach einem Tag voller Videochats völlig ausgelaugt fühlen. […] Es ist strenggenommen kein wissenschaftlicher Ausdruck. […]

Mal ein Videochat hier oder da, überfordert niemanden. Schließlich nutzen wir schon seit Jahren die Videotelefonie, sei es über Skype, WhatsApp oder eben Zoom[3]. Doch da wir nun wirklich alles über Zoom regeln, setzt so langsam eine Übersättigung ein. […] Denn wo jetzt plötzlich immer ein Videochat geführt werden muss, hätte es vielleicht auch eine E-Mail oder ein kurzer Anruf getan. So kommunizieren wir derzeit nicht nur über Zoom, wir überkommunizieren per Zoom – und genau das führt letztlich zur Zoom-Fatigue. […]

Wir Menschen sind sehr kommunikative Wesen. Dabei kommunizieren wir nicht nur über Wörter, sondern auch über Gesten, Gesichtsausdrücke oder Körpersprache. Selbst kleine Seufzer sind Kommunikationsmittel. All diese Informationen nimmt unser Gehirn auf, verarbeitet diese und zieht daraus Rückschlüsse – in Bruchteilen von Sekunden. Diese Rückschlüsse helfen uns dabei zu verstehen, wann unser Gegenüber ausgesprochen hat oder in welcher Stimmung sich der Gesprächspartner befindet. Im echten Leben funktioniert das wunderbar – über Zoom nicht so sehr. Wie ein Puzzle-Bild, bei dem zu viele Teile fehlen. Denn es fehlen einfach sehr viele Informationen. Wir können unser Gegenüber meist nicht komplett sehen. Gesten oder Teile der Körpersprache gehen dadurch verloren. Hinzu kommt noch häufig die Zeitverzögerung im

M1

Gespräch. Ist die Videoqualität darüber hinaus noch schlecht, fehlt uns auch noch der Gesichtsausdruck. [...]
Daraus ergeben sich dann sehr seltsame Kommunikationsverhalten, wie etwa, dass wir dem Gegenüber im Chat viel zu lange in die Augen schauen. Studien zeigen: Das ist ein Verhalten, das die meisten Menschen als unangenehm oder bedrohlich empfinden. Das ist also gleich doppelter Stress für unser Gehirn.
Noch schlimmer wird es, wenn wir in einer Zoom-Konferenz mit mehreren Teilnehmern sind. [...] Hier ist unser Gehirn, das sich in der Regel auf die Frontalansicht verlässt, aber die periphere[4] Sicht nutzt, um andere wichtige Botschaften mitzubekommen, mit all den Seitenfenstern völlig überfordert. Denn wir können hier nicht wie bei einem persönlichen Treffen Dinge aus dem Augenwinkel erkennen. Trotzdem kann unser Gehirn nicht anders, als sich auf alles gleichzeitig zu konzentrieren. So haben wir eine dauerhafte Teil-Aufmerksamkeit, anstatt uns voll auf eine Sache zu konzentrieren. [...]
Bei dem Versuch, alle möglicherweise wichtigen Informationen von allen Teilnehmern aufzuschnappen, bekommen am Ende alle kaum die wichtigsten Botschaften mit. Das Ergebnis: Wir sind am Ende dieser Zoom-Meetings extrem müde und haben kaum etwas mitgenommen.
Genau hier setzt die Zoom-Fatigue ein. Natürlich beschränkt sich das nicht allein auf die Plattform Zoom. Jede Form von Videochat – von Facetime bis Skype – fällt darunter. [...]
Die Frage ist natürlich: Was kommt nach der Zoom-Fatigue? Denn die letzten Monate haben uns auch gezeigt, dass Videochats sowohl zeitsparend als auch bereichernd sein können. Werden wir wirklich in Zukunft zu jedem Kundenmeeting persönlich fahren, wenn sich die Angelegenheit über einen kurzen Videochat schneller erledigen lässt? Sicher nicht. Auch haben wir gelernt, wie wir zum Beispiel Freunde oder Familienmitglieder in soziale Events aktiv mit einbinden können, auch wenn sie nicht vor Ort sind. Das werden wir künftig sicher auch weiterhin tun. Die Herausforderung wird also sein, herauszufinden, wie wir das Tool[5] nutzen können, ohne dabei unser Gehirn zu überfordern.

1 **Fatigue:** französisch: die Müdigkeit

2 **das Phänomen:** das Erscheinen

3 **Zoom:** ein Anbieter von Videochats

4 **peripher:** *hier:* im äußeren Körperbereich liegend

5 **das Tool:** Werkzeug

BASIC thinking GmbH, Berlin, 14.10.2020

M2 Wie macht sich Zoom-Fatigue bemerkbar?

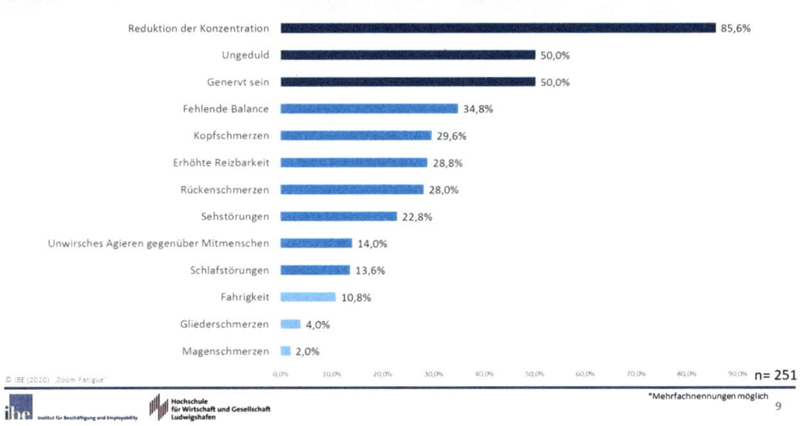

Institut für Beschäftigung und Employability IBE, Ludwigshafen (2020)

M3 Der Zoom-Fatigue entgegenwirken *Christopher Maasz*

Von der sogenannten Zoom-Fatigue ist beinahe jeder Schüler, Student und Arbeitnehmer/-geber betroffen. [...] Daher ist es wichtig, der Zoom-Fatigue gezielt entgegenzuwirken, um negative Folgen zu verringern oder sogar zu vermeiden. Hierzu können folgende Tipps beachtet werden:

1. Bauen Sie Bewegung in Ihren Arbeitsalltag mit ein

Im Home-Office bewegt man sich weniger [...] Versuchen Sie in Ihrer Mittagspause einen Spaziergang einzulegen oder zwischenzeitlich im Stehen zu arbeiten, um Ihren Kreislauf zu unterstützen. Häufiges Lüften und viel Tageslicht helfen Ihnen ebenfalls dabei, sich besser konzentrieren zu können.

2. Nutzen Sie adäquates Equipment[1]

Benutzen Sie Head-Sets und externe Bildschirme, um möglichen Ton- und Sichtproblemen sowie hohem Konzentrationsaufwand entgegenzuwirken. Darüber hinaus sollten Sie Ihre Internetverbindung überprüfen und evaluieren[2], ob der bisherige Netzanbieter Ihren Anforderungen gerecht wird.

3. Erleichtern Sie sich die Teilnahme an Videokonferenzen

Richten Sie Ihren Blick während digitaler Konferenzen für einige Sekunden auf etwas anderes, um Ihre Augen zu entlasten. Stellen Sie außerdem die Sprecheransicht für die Konferenzen an, wenn dies in Ihrem Programm möglich ist. Das ermöglicht Ihnen eine leichtere Interpretation des Gesagten, da Sie auch non-verbale Sprachelemente besser interpretieren können.

4. Gestalten Sie Ihre Pausen und Freizeit abwechslungsreich

[...] Essen Sie beispielsweise nicht vor dem Laptop während Ihrer Pausen, sondern suchen Sie sich zur Entspannung einen anderen Platz. Ihre Freizeit sollten Sie gänzlich anders als Ihren Arbeitsalltag gestalten. Verbringen Sie daher Ihre Freizeit im Freien und gehen Sie beispielsweise Ihren (sportlichen) Hobbys nach oder legen Sie einen langen Spaziergang mit Ihrem Partner ein.

1 **das Equipment:** die Ausrüstung

2 **evaluieren:** beurteilen

Wirtschaftswissenschaftliches Studium: Zeitschrift für Studium und Forschung, Verlag C.H.BECK/Franz Vahlen, München, Heft 2-3, 2021

LÖSUNGSHILFEN zu 1 a)

1 Bearbeite M1, M2 und M3, indem du den ersten und zweiten Arbeitsschritt durchführst (siehe C 3.5, S. 63). Nutze die Ergebnisse dieser Vorarbeit, um die Teilaufgabe **1** a) zu bearbeiten.

2 a) Lege dir einen Schreibplan an und ergänze ihn. Orientiere dich dabei am dritten Schritt (siehe C 3.5, S. 66). Du kannst auch die Vorlage aus C 3.4 verwenden (S. 62).

b) Ergänze deine Ergebnisse zu Aufgabe **1** a) im Schreibplan. Beginne wie im Beispiel auf Seite 123.

TIPP zu 1 und 2

1. In der ersten Teilaufgabe wirst du aufgefordert, die vorliegenden Materialien kurz vorzustellen (TATTE-Satz) und das gemeinsame Thema zu benennen. Stelle das Thema bei der Vorstellung der Einzelmaterialien nur sehr kurz dar und leite daraus übergreifend das gemeinsame Thema ab.
2. Wenn du dir einen Schreibplan anlegst, plane in der ersten Zeile mehr Platz ein, damit du die Angaben (TATTE-Satz) zur Vorstellung geordnet eintragen kannst.

Vorliegende Materialien:
– M 1: Sachtext „Zoom-Fatigue: So überfordern Videochats dein Gehirn", Quelle: ...;
Thema: Videochats und deren Auswirkungen auf das Gehirn
– M 2: Balkendiagramm „Wie macht sich Zoom-Fatigue bemerkbar?", Quelle: ...
– M 3: ...

Gemeinsames Thema der Materialien: Auswirkungen von Videochats auf die Gesundheit und ...

LÖSUNGSHILFEN zu 1 b) und 1 c)

3 In den Teilaufgaben 1 b) und c) sollst du die wesentlichen Informationen aus den Materialien M1 und M2 zusammenfassen. Trage diese stichwortartig in die zweite und dritte Zeile deines Schreibplans ein.

M1: – die ständige Teilnahme an Videochats führt zur Ermüdung der Gesprächsteilnehmer
– Videochats anstelle von anderen Kommunikationsformen (Mail, ...)
– Auswirkungen auf unser Gehirn: ...

M2: – Balkendiagramm „Wie macht sich Zoom-Fatigue bemerkbar?"; Auswertung von ...
– negative psychische Folgen überwiegen: Konzentrationsmangel (rund 86 %), Ungeduld (50 %), Unausgeglichenheit (50 %) ...
– körperliche Auswirkungen: Kopfschmerzen ...

TIPP zu 3

1. In der zweiten und dritten Teilaufgabe sollst du die Informationen aus zwei Materialien (M1 und M2) zusammenfassen.
2. Nutze die Stichworte, die du bei der Erschließung des Sachtextes und des Schaubildes notiert hast (vgl. zweiter Schritt).
3. Formuliere in eigenen Worten Fakten. Zahlen und Namen kannst du übernehmen.
4. Schreibe im Präsens und verwende die indirekte Rede (Konjunktiv), denn du gibst die Aussagen der Autor/-innen wieder.

LÖSUNGSHILFEN zu 1 d)

4 Gib als Nächstes die Informationen aus M3 wieder. Schreibe deine Stichworte aus der Erschließung in die vierte Spalte deines Schreibplans:

Mittel gegen Zoom-Fatigue:
– Bewegung im Alltag durch ...
– Optimierung der technischen Ausrüstung ...

5 Setze nach der Darstellung der Aussagen aus M2 und M3 die Materialien in Beziehung, indem du sie miteinander vergleichst. Beginne mit dem Schwerpunkt (= Vergleichsaspekt) der Aufgabenstellung. Notiere deine Ergebnisse ebenfalls in der vierten Spalte des Schreibplans. Ergänze die Textbelege, die du markiert hast.

Vergleich der Aussagen aus M2 und M3:
– gegen körperliche Auswirkungen der Zoom-Fatigue wirkt vor allem Bewegung, Rückenschmerzen können durch Spaziergänge ... verhindert werden ...
– Gegen Unwohlsein und Unkonzentriertheit, schlechte Laune ... können ... wirken ...

Fazit: Nach den Erkenntnissen aus M3 ist es möglich, der Zoom-Fatigue vorausschauend entgegenzuwirken, indem ...

TIPP zu 4 und 5

1. Die vierte Teilaufgabe ist komplexer. Sie enthält zwei verschiedene Operatoren und bezieht sich auf verschiedene Materialien (M2 und M3):
   - Gib ... wieder ..
   - Vergleiche ...

   Hier notierst du zuerst, wie man der Zoom-Fatigue entgegenwirken kann (M3). Dann vergleichst du die Materialien M2 und M3 miteinander. Dazu musst du bezüglich des genannten Schwerpunkts Schlussfolgerungen ziehen. Diese musst du am Text belegen.
2. Bearbeite die beiden Teile der Aufgabe nacheinander. So behältst du den Überblick.
3. Lass nach jedem Teil einen Absatz. So ist dein Text besser lesbar und du gehst sicher, dass du alle Teilaufgaben bearbeitet hast.

LÖSUNGSHILFEN zu 1 e)

6 a) Lies die letzte Teilaufgabe (1 e) und formuliere deinen Standpunkt zu der Aussage:
b) Suche in den Materialien nach Aussagen, die deine Position stützen, und notiere diese in der letzten Zeile des Schreibplans.

Eine Schülerin ist der Meinung, dass Videochats in Schule und Beruf der Gesundheit schaden und daher nur in der Freizeit durchgeführt werden sollten.

Ich stimme dieser Meinung zu / nicht zu, denn …

TIPP zu 6

In der letzten Teilaufgabe musst du zu einem Zitat oder einer Aussage Stellung nehmen. Gehe so vor:

1. Gib die Aussage, zu der du Stellung nehmen sollst, wieder. Erläutere sie mithilfe deiner Ausarbeitungen.
2. Nenne deine eigene Position zu der Aussage. Begründe deine Meinung.
3. Beziehe dich in deiner Stellungnahme auf die Materialien. Ziehe dazu Textbelege heran.

LÖSUNGSHILFEN zum Schreiben

7 Formuliere deinen Text mithilfe des Schreibplans. Hier sind einige Formulierungshilfen.

1 *a) Insgesamt liegen drei Materialien zur Untersuchung vor. Bei M1 handelt es sich um einen Sachtext aus dem Internet mit dem Titel …*
In allen Materialien geht es um das Thema …
1 *b) In dem Sachtext (M1) „Zoom-Fatigue: So überfordern Videochats dein Gehirn" wird dargestellt, dass die häufige Teilnahme an Videochats dafür sorgt, dass …*
1 *c) Die Ergebnisse der Befragung durch das Institut für Beschäftigung und Employability verdeutlichen, dass Videochats sowohl körperliche als auch ….*
Zu den körperlichen Auswirkungen gehören beispielsweise …
1 *d) In dem Sachtext „Der Zoom-Fatigue entgegenwirken" von Christopher Maasz geht es um Möglichkeiten, die der Einzelne hat, um …. Es werden Hinweise zu …*
Vergleicht man die Aussagen aus M2 und M3 im Hinblick auf die Frage, welche Möglichkeiten es gibt, der „Zoom-Fatigue" entgegenzuwirken, …
1 *e) Eine Schülerin ist der Meinung, dass Videochats in Schule und Beruf der Gesundheit schaden und daher nur in der Freizeit durchgeführt werden sollten. Diese Meinung kann ich teilen/nicht teilen, denn …*

8 Überarbeite deinen Text mithilfe der CHECKLISTE auf Seite 69.

F 4 Aufgabentyp 4b: Tastatur oder Stift? (selbstständiges Üben)

Teil II

Lies bitte zunächst die Aufgabe und dann die Materialien aufmerksam durch, bevor du mit dem Schreiben beginnst. Schreibe einen zusammenhängenden Text.

AUFGABENSTELLUNG

Untersuche die Materialien M1, M2 und M3.
Gehe dabei so vor:

- **Benenne** das gemeinsame Thema von M1, M2 und M3.
- **Fasse** die Informationen aus M1a und M1b **zusammen**.
- **Stelle** die Aussagen aus M2 und M3 mit eigenen Worten **dar**. **Vergleiche** die Positionen im Hinblick auf die Frage, welche Möglichkeiten und Grenzen das Schreiben mit der Hand und das Schreiben mit der Tastatur jeweils haben. Belege deine Ausführungen am Text.
- **Setze dich** kritisch mit der folgenden Aussage einer Mitschülerin **auseinander**:
  „Tastatur oder Stift – in der Schule sollte man sich aussuchen können, womit man schreibt.“
  – **Nimm Stellung** zu der Aussage.
  – **Begründe** deine Meinung.
  – Beziehe dich dabei auch auf die Materialien M1 bis M3.

M1a Wir verlernen das Schreiben mit der Hand *Lara Malberger*

Die Handschrift ist eine der größten kulturellen Errungenschaften der Menschheit: Dank ihr konnten Menschen ihr Wissen bewahren. Schrift ermöglichte es, komplexe Gedanken und Ideen unabhängig von Zeit und Raum an andere Menschen weiterzugeben. [...] Aber während derartige Gedanken früher auf Steintafeln und später auf Papier notiert wurden, löst sich die Schrift heute immer mehr von ihrer physischen[1] Grundlage. Heute schreiben und speichern wir vieles nur noch auf unseren Smartphones und Computern und laden es in die Cloud hoch. Immer seltener greifen wir zum Stift, immer häufiger tippen wir auf Displays und Tastaturen herum. Oft findet sich die Handschrift nur noch in Notizen oder auf Grußkarten.

1 **physisch:** gegenständlich, materiell

ZEIT ONLINE, 14.04.2018, https://www.zeit.de/wissen/2018-04/schreiben-handschrift-digitalisierung-hirnforschung-neurologie/komplettansicht (Zugriff: 20.02.2019, verändert)

M1a Fit am Tablet, mies mit dem Füller

Wer schreibt heute noch mit einem Stift? [...] Über 40 Prozent von 1.400 Bundesbürgern sind der Meinung, dass das flüssige Tippen auf einer Tastatur wichtiger ist, als in der Lage zu sein, flüssig mit Hand zu schreiben. Das ist das Ergebnis einer Umfrage, die der Frage nachging, ob Kinder die Schreibschrift heute noch lernen müssen.

Quelle (Aufgaben): Qualitäts- und UnterstützungsAgentur – Landesinstitut für Schule, Soest 2019

M1a

Finnland will es vormachen. Bald dürfen Lehrer dort der Schreibschrift ade sagen, das Tippen wird dann vermehrt als neue wichtige Kommunikationsform unterrichtet werden. [...]
Seit Jahren existieren zudem europaweit Schulprojekte, die neue Medien in den Schulunterricht einbinden. Whiteboards, Beamer, Laptop- und iPad-Klassen verdrängen zunehmend die Kreidetafel.

Fit am Tablet, mies mit dem Füller: „Können nicht mehr mit der Hand schreiben" – Lehrer schimpfen über Digital Natives. Focus Online, 22.04.2015, https://www.focus.de/familie/schule/jetzt-mach-mal-nen-punkt-verlernen-schueler-das-schreiben_id_4629850.html, 22.04.2015 (Zugriff: 20.02.2019, verändert)

M2 Tastatur schlägt Stift – oder umgekehrt? *Matthias Kohlmaier*

[...] Finnland, europaweites Vorbild, was das Schul- und Bildungswesen angeht, streicht das Lehren der Handschrift teilweise aus dem Lehrplan. Schreibschrift wird dann gar nicht mehr unterrichtet, nur noch eine einfache Druckschrift soll noch vermittelt werden. Die freiwerdende Unterrichtszeit sollen Schüler nutzen, um ihre Fähigkeiten an der Computertastatur zu verbessern.
Mit der Hand zu schreiben, „und vor allem die Buchstaben miteinander zu verbinden, ist für viele Schüler schwer", erklärt Minna Harmanen vom finnischen Bildungsministerium den Schritt. Dass dieser einen kulturellen Bruch darstellt, das sei ihr natürlich bewusst, daher solle es den Schulen auch in Zukunft erlaubt bleiben, Schreibschrift zu lehren, wenn sie das unbedingt wollten. Das Tippen auf der Tastatur sei jedoch mit dem Alltag der Schüler viel einfacher in Verbindung zu bringen als das Handschreiben, sagt Harmanen weiter. Schnelles und fehlerfreies Schreiben auf der Tastatur sei zudem „eine wichtige Kompetenz".
Bei Letzterem wird Harmanen niemand widersprechen können. Auch ist zu erwarten, dass künftige Generationen immer weniger handschriftliche Notizen werden machen müssen – weil es schlichtweg bei all den digitalen Möglichkeiten kaum noch eine Notwendigkeit dafür geben wird. „Es wäre dumm, wenn wir neue technische Hilfsmittel – Gehirnprothesen nenne ich sie – nicht nutzen würden, um uns mehr auf den Inhalt statt auf die Form zu konzentrieren", sagt auch Caroline Liberg, Professorin an der schwedischen Universität Uppsala, gegenüber der Neuen Osnabrücker Zeitung.

Süddeutsche Zeitung Online, 12.01.2015, https//www.sueddeutsche.de/bildung/handschrift-in-der-grundschule-tastatur-schlaegt-stift-oder-umgekehrt-1.2296730 (Zugriff: 20.02.2019, verändert)

M3 Schreiben mit der Hand ist für das Gehirn wichtig

Christoph Arens

[...] Im Alltag ist die Handschrift immer noch wichtig: Notizen, Einkaufszettel, To-Do-Listen, Familienkalender in der Küche, die Unterschrift im Arbeitsvertrag, die Weihnachtskarte, der Liebesbrief, das Kondolenzschreiben[1] – all das wird mit Hand geschrieben, weil es schneller geht oder einfach persönlicher wirkt. Aber reicht das um diese alte Kulturtechnik zu erhalten? In den USA ist die geschwungene Handschrift schon weithin aus den Schulen verschwunden. Als 2016 die Meldung durch die Medien geisterte, dass Finnlands Schulen das

M3

Schreiben von Hand abschaffen wollten, schien das Totenglöckchen endgültig zu läuten. […]

Das beunruhigt Bildungsforscher. Marianela Diaz Meyer, Geschäftsführerin eines 2012 gegründeten Instituts für Schreibmotorik[2], ist sich sicher: Es geht beim Handschreiben nicht nur um eine schöne, aber verzichtbare Kulturtechnik – sondern um Bildungschancen. Sie verweist auf Erkenntnisse der Hirnforschung, wonach das Schreiben mit der Hand die Entwicklung des Gehirns fördert. Auch die Bielefelder Graphologin[3] Rosemarie Gosemärker bestätigt: „Die Erinnerungsleistung derer, die mit der Hand schreiben, ist erheblich besser. Das liegt daran, dass das Schreiben das Gehirn ganzheitlich aktiviert.“

Die Handschrift als Denkwerkzeug. Als Beispiel nennt Diaz Meyer den klassischen Spickzettel: Wer ihn von Hand geschrieben hat, muss ihn oft nicht einmal mehr benutzen, weil er sich den Inhalt bereits eingeprägt hat. Tippen gehe zwar schneller, hinterlasse aber im Gehirn weniger Spuren.

1 **Kondolenzschreiben:** Schreiben, mit dem jemand den Angehörigen eines Verstorbenen sein Beileid bekundet

2 **Schreibmotorik:** Bewegungsabläufe beim Schreiben

3 **Graphologin:** Wissenschaftlerin, die auf der Grundlage der Handschrift ein Persönlichkeitsprofil erstellt

Welttag wirbt für die Rettung der Handschrift – Auf der Roten Liste. Welt online, 23.01. 2018 (https://www.welt.de/vermischtes/article172742060/Welttag-der-Handschrift-Bildungsexperten-warnen-vor-Aussterben.html, Zugriff: 20.02.2019, verändert)

F 5 Aufgabentyp 4b: Gaming – der neue Volkssport? (selbstständiges Üben)

Teil II

Lies bitte zunächst die Aufgabe und dann die Materialien aufmerksam durch, bevor du mit dem Schreiben beginnst. Schreibe einen zusammenhängenden Text.

AUFGABENSTELLUNG

Untersuche die Materialien M1, M2 und M3.

Gehe dabei so vor:

- **Stelle** die Materialien kurz **vor** und **benenne** das gemeinsame Thema von M1, M2 und M3.
- **Fasse** die Informationen aus M1 **zusammen**.
- **Stelle** die wesentlichen Aussagen aus M2 **dar** und **erläutere** sie.
- **Gib** die Aussagen aus M3 **wieder**.
- **Vergleiche** die Materialien M1, M2 und M3 miteinander, indem du erläuterst, ob eSport wirklich eine anerkannte Sportart sein kann. **Belege** deine Ausführungen am Text.
- Eine Schülerin sagt: *„Zum Sport gehört für mich auf jeden Fall Bewegung. Computerspielen kann für mich deshalb niemals eine ernstzunehmende Sportart sein.“*
  Setze dich kritisch mit dieser Aussage **auseinander**:
  – **Nimm Stellung** zu der Aussage.
  – **Begründe** deine Meinung.
  – Beziehe dich dabei auch auf die Materialien M1 bis M3.

M1 Wie Gaming zum neuen Volkssport wird *Jörg Bernardy*

[...] In 47 Ländern ist eSport bereits als Sport anerkannt. Während es bei den Asian Games 2018 schon Show-Disziplinen gab, soll eSport im Jahr 2022 möglicherweise als Medaillen-Disziplin ins Programm genommen werden. [...]

Werbeprofis verweisen schon länger auf die heiß begehrte Zielgruppe der 14- bis 29-jährigen, die sich über eGames und eSports erreichen lässt. Auch Sport- und Fußballverbände investieren mehr und mehr in eigene eSport-Turniere und -Mannschaften. Es wäre allerdings eine verkürzte Sichtweise, würde man hinter eGames und eSport lediglich einen Wirtschaftsfaktor sehen. Dahinter steckt auch eine soziale Bewegung, die bis in Werbung, Sportverbände und Politik ausstrahlt. [...] In ein paar Jahren könnte es völlig normal sein, dass Eltern ihre Kinder bei einem eSport-Verein anmelden. Auch wenn Gaming und eSport hierzulande immer noch mit einem Imageproblem zu kämpfen haben: zu viel Gewalt und zu wenig körperliche Bewegung.

Ob Computerspielen wirklich Sport sein kann? Worüber in Europa derzeit (noch) diskutiert wird, hat sich in China und Südkorea längst als ernstzunehmende und selbstverständliche Disziplin für junge Menschen etabliert[1]. Es wird noch etwas dauern bis eGames und eSports dem europäischen Fußball den Rang abgelaufen haben. Noch ist der Wettkampf um den runden Ball populärer und beliebter. [...]

1 **etabliert:** fest eingerichtet

news aktuell GmbH, Hamburg, 02.07.2019

M2 Umfrage zum Thema eSport

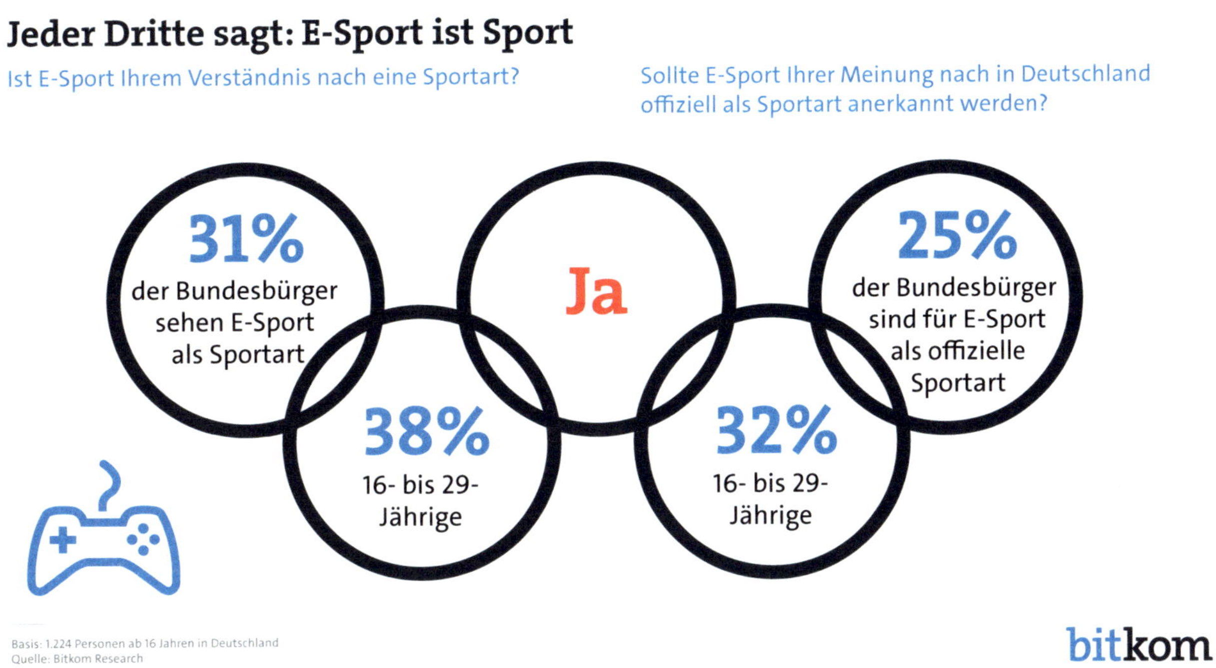

Bitkom Research GmbH, 2019

M3 Ist eSport Sport?

[…] Der DOSB[1] hat im Dezember 2018 ein Rechtsgutachten in Auftrag gegeben. Dieses ging der Frage nach, ob eSport in seiner Gesamtheit zum organisierten und gemeinnützigen Sport passt. Laut Positionierung des DOSB lautet Antwort auf diese Frage „Nein“. Eine Begründung hierfür ist, dass die Unternehmen, die über Regeln, Spielformen und Inhalte bestimmen, global agierende[2] und gewinnorientierte Unternehmen sind. Ein weiterer Grund für diese Entscheidung stellt der Inhalt der Spiele dar. Besonders Games wie „League of Legends“, „Dota“ oder „Counter-Strike“ – die dem DOSB zufolge nicht dem eSport, sondern dem eGaming zuzuordnen sind – seien mit den ethischen[3] Werten des Sports nicht vereinbar. Besonders Shooter[4] beinhalten die Tötung des Gegners sowie deren detaillierte visuelle Darstellung. […]
Ähnliche Ansichten vertritt auch der Deutsche Behindertensportverband (DBS). Während er Spiele, die auf die Tötung von virtuellen Gegnern abzielen, als Sportart ablehnt, sieht er Potenzial in den „virtuellen Sportarten“. Der DBS erkennt die Möglichkeiten der Inklusion[5] an, die der eSport bietet. So betont er, dass eSport insbesondere Menschen mit Behinderung die Teilnahme am gesellschaftlichen Leben erleichtern kann. Andererseits weist der Verband jedoch auf die Gefahren des eSports hin. Videospiele sind nämlich nicht zuletzt wegen der mit ihnen einhergehenden Suchtgefahr nicht unumstritten. […]
Obwohl eSports im Sitzen vor PC oder Konsole stattfinden, hat das professionelle Gaming mehr mit klassischen Sportarten gemeinsam, als man anfangs annehmen könnte. Im eSport sind nämlich zahlreiche Fähigkeiten – sogenannte Skills – erforderlich, die auch im offline-Sport[6] zentral sind. So kommt

M3

es unter anderem auf Ausdauer, Stressresistenz[7] und trainiertes peripheres[8] sowie fokussiertes Sehen an. Auch Geschicklichkeit, Feinmotorik und eine gute Team-Kommunikation sind bei professionellen Videospielern stark ausgeprägt. Zudem sind Reaktions- und Entscheidungsschnelligkeit gefragt. [...] Sportwissenschaftler Prof. Dr. Ingo Froböse [...] unterstreicht: „Körperliche Fitness ist unserer Meinung nach Grundvoraussetzung für effizientes Spielen an der Konsole“. [...]

1 **DOSB:** Deutscher Olympischer Sportbund, regierungsunabhängige Dachorganisation des deutschen Sports

2 **global agieren:** weltweit handeln

3 **ethisch:** moralisch anständig

4 **Shooter:** Computerspiele, bei denen es hauptsächlich um das (Er-)Schießen geht

5 **die Inklusion:** Miteinbeziehung von Menschen mit Behinderungen

6 **offline:** ohne Zugang zum Internet

7 **Stressresistenz:** Widerstandskraft gegen Stress

8 **peripheres Sehen:** indirektes Sehen

Vereinsticket/Total Fansports GmbH, Saarbug, 21.07.2019
https://www.vereinsticket.de/neuigkeiten/erobert-esport-die-vereinswelt, Zugriff: 17.11.21

Glossar

Alliteration: → *Sprachliche Mittel*

Anapher: → *Sprachliche Mittel*

Anekdote: Eine Anekdote ist eine kurze, humorvolle Erzählung über eine Begebenheit, die für eine historische Persönlichkeit oder einen bestimmten Zeitraum bezeichnend ist.

Auktorialer Erzähler: → *Merkmale erzählender Texte*

Bericht: → *Journalistische Textsorten*

Diagramm: → *Grafik*

Direkte Rede: → *Merkmale erzählender Texte*

Ellipse: → *Sprachliche Mittel*

Epik: Unter diesem Begriff fasst man alle Arten der erzählenden Dichtung zusammen. Es gibt viele epische Kleinformen (→ *Erzählung,* → *Fabel,* → *Kurzgeschichte, Märchen, Sage, Schwank*). Zu den umfangreicheren epischen Texten gehört der → Roman.

Erlebte Rede: → *Merkmale erzählender Texte*

Er-/Sie-Erzählung: → *Merkmale erzählender Texte*

Erzählperspektive: → *Merkmale erzählender Texte*

Erzählung: In der Literatur versteht man unter einer Erzählung alle kurzen erzählenden Texte, die nicht eindeutig einer anderen Kurzform (→ *Fabel, Märchen, Sage, Schwank*) zugeordnet werden können.

Essay: → *Journalistische Textsorten*

Euphemismus: → *Sprachliche Mittel*

Fabel: Dies ist eine zumeist kurze Erzählung, in der Tiere oder Pflanzen sich wie Menschen verhalten. Häufig stehen sich zwei Tiere mit gegensätzlichen Eigenschaften gegenüber. Meistens wird nach einer kurzen Einführung die Handlung durch Rede und Gegenrede fortgeführt und endet mit einem überraschenden Schluss. Am Beispiel des erzählten Geschehens wird eine Lehre gezogen oder Kritik an bestimmten Verhaltensweisen geäußert.

Gedicht: → *Lyrik*

Glosse: → *Journalistische Textsorten*

Grafik: Grafiken stellen statistische Größen und Größenverhältnisse mithilfe von Diagrammen bildlich dar. Man unterscheidet folgende Typen von Diagrammen:
1. **Balkendiagramme** oder **Säulendiagramme**, die absolute Zahlen anzeigen. Die Höhe der Säule oder die Länge des Balkens gibt eine Anzahl an.
2. **Tortendiagramme** bzw. **Kreisdiagramme**, die eine prozentuale Zusammensetzung einer Gesamtmenge verdeutlichen. Der Kreis ist in mehrere Teile unterteilt, die jeweils den Anteil an der Gesamtmenge wiedergeben.
3. **Kurvendiagramme** oder **Liniendiagramme**, die eine Entwicklung anzeigen. Die Daten von verschiedenen Zeitpunkten können mithilfe eines solchen Diagramms miteinander verglichen werden.
4. **Flussdiagramme** oder **Ablaufpläne** stellen den Verlauf eines (Handlungs-)prozesses inklusive möglicher Variationen logisch dar. Sie eignen sich insbesondere, um Handlungs- bzw. Ablaufprozesse zu planen bzw. zu erklären.

Hyperbel: → *Sprachliche Mittel*

Ich-Erzählung: → *Merkmale erzählender Texte*

Indirekte Rede: → *Merkmale erzählender Texte*

Innerer Monolog: → *Merkmale erzählender Texte*

Interview: → *Journalistische Textsorten*

Ironie: → *Sprachliche Mittel*

Journalistische Textsorten:

Informierende Texte
Die **Meldung** ist die Kurzform der Nachricht. Sie enthält nur die wichtigsten Informationen (Wer? Wo? Was? Wann?). Sie steht häufig auf der ersten Seite und weist meist auf einen ausführlichen Bericht im Innenteil der Zeitung hin.

Der **Bericht** ist die ausführliche Form der Nachricht. Er liefert eine detaillierte und sachliche Darstellung eines Sachverhalts.
Merkmale:
1. Die Überschrift (häufig mit Unterüberschrift) informiert sachlich.
2. Ein halbfett gedruckter Vorspann fasst die wichtigsten Informationen (W-Fragen) zusammen.
3. Im Hauptteil erfolgt eine ausführliche Darstellung der Nachricht mit Erklärung der Zusammenhänge und Hintergründe.
4. Die Darstellung ist sachlich, wertende Äußerungen durch den Berichterstatter fehlen.
5. Aussagen von Personen werden in direkter und indirekter Rede wiedergegeben.
6. Häufig ergänzt den Text ein erklärendes Bild.

Die **Reportage** ist das Ergebnis vielfältiger Nachforschungen (= Recherchen). Die Reportage will nicht nur informieren, sondern die Leser auch durch die lebendige Art der Darstellung in besonderem Maße ansprechen.
Merkmale:
1. Die Überschrift ist so formuliert, dass sie die Neugier der Leser weckt.

2. Häufig informiert ein halbfett gedruckter Vorspann über den Inhalt der Reportage.
3. Der Anfang lässt die Leser oft ein Geschehen miterleben.
4. Sachlich-informierende Textstellen wechseln mit persönlich-schildernden Darstellungen.
5. Dadurch ergibt sich oft ein Wechsel von Zeitstufen (z. B. Präteritum für Rückblick).
6. Häufig werden Aussagen von Personen in wörtlicher Rede wiedergegeben.
7. Oft findet man wertende Meinungsäußerungen der Autorin/des Autors.
8. Illustrierende oder erklärende Bilder unterstützen die Aussagen des Textes.
9. Der Name der Autorin/des Autors wird angegeben.

Das **Interview** ist das Ergebnis eines Gesprächs, in dem ein Journalist/eine Journalistin gezielte Fragen an eine Person stellt, die von ihr beantwortet werden. Das Ziel kann darin bestehen, aktuelle Informationen über bestimmte Sachverhalte zu erhalten oder die persönliche Meinung zu einem bestimmten Problem zu erfahren.

Kommentierende Texte
Der **Kommentar** liefert eine Meinung zu einem Sachverhalt. Diese kann zustimmend oder ablehnend sein.
Merkmale:
1. Häufig wird er in Verbindung mit einem Bericht oder einer Meldung geschrieben.
2. In vielen Zeitungen erscheinen die Kommentare an einer bestimmten Stelle (z. B. Kommentare zu politischen Ereignissen).
3. Kürzere Kommentare beziehen sich oft auf einen Artikel auf der gleichen Seite.
4. Die Autorin/der Autor wird genannt.
5. In der Regel verwenden Kommentare keine Bilder.

Oft haben Kommentare einen typischen Aufbau:
1. Zunächst werden die wichtigsten Informationen dargestellt, die zum Verständnis der Stellungnahme nötig sind.
2. Die Autorin/der Autor legt seine Meinung begründet dar.
3. Als Abschluss wird meist ein Wunsch oder ein Ausblick formuliert.

Die **Glosse** ist ein locker geschriebener, häufig kritisch gehaltener Kommentar zu einem aktuellen Ereignis. Glossen stehen in vielen Zeitungen und Zeitschriften an einem festen Platz, haben das gleiche Layout und sind eine Form der persönlichen Meinungsäußerung.
Merkmale:
1. Sie sind oft zugespitzt formuliert und humorvoll geschrieben.
2. Aktuelle Themen oder neue gesellschaftliche Erscheinungen werden kritisiert oder verspottet.
3. Die Kenntnis des Sachverhalts wird vorausgesetzt.
4. Sie enden oft mit einer überraschenden Wende am Schluss (Pointe).
5. In Glossen tauchen immer wieder ironische Formulierungen, sprachliche Bilder, Wortspiele, Doppeldeutigkeiten und Anspielungen auf.

Der (oder das) **Essay** ist eine kürzere, sprachlich lebendige Abhandlung, in der ein Problem von verschiedenen Seiten betrachtet und in der die persönliche Meinung der Autorin/des Autors zum Ausdruck gebracht wird.

Karikatur: Durch Über- oder Untertreibungen werden in Zeichnungen menschliche Schwächen oder Missstände kritisiert und lächerlich gemacht.

Klimax: → *Sprachliche Mittel*

Kommentar: → *Journalistische Textsorten*

Konjunktiv: Die Verbform, die wir normalerweise verwenden, nennt man **Indikativ (Wirklichkeitsform)**:
Er sagt: „Ich komme morgen."
In der indirekten Rede (→ *Merkmale erzählender Texte*) verwendet man meistens den **Konjunktiv (Möglichkeitsform)**: Er sagt, er komme morgen.
Der Konjunktiv gibt an, was ein anderer gesagt haben soll.

Kurzgeschichte: Es handelt sich um einen kürzeren erzählenden Text. Die folgenden Merkmale sind zwar typisch für Kurzgeschichten, aber nicht immer treffen alle Kriterien in gleicher Weise zu.
Merkmale:
1. Die Handlung setzt unvermittelt ein.
   Es fehlen einleitende Angaben zu Ort, Zeit und Personen der Erzählung.
2. Gegenstand der Kurzgeschichte sind Alltagspersonen in Alltagssituationen.
3. Die Hauptperson ist einem Problem oder einer kritischen Situation ausgesetzt.
4. Oft nimmt die Handlung eine unerwartete Wendung.
5. Der Schluss ist offen. Der Leser soll über den Fortgang der Handlung selbst nachdenken.
6. Die Darstellung der Handlung ist kurz gefasst und auf das Wesentliche beschränkt.
7. Typische Merkmale der Sprache in Kurzgeschichten:
   - Wiederholungen, Aufzählungen,
   - Umgangssprache, Jugendsprache,
   - mehrere kurze Sätze, die aufeinanderfolgen,
   - unvollständige Sätze (Ellipsen).

Lyrik: Lyrik bezeichnet Dichtung in Versform (Gedichte). Früher wurden die Verse zur Lyra, einem alten Saiteninstrument, gesungen. Deshalb sagt man auch heute noch einfach: Lyrik ist liedartige Dichtung. Viele Gedichte sind vertont worden.
Im Gedicht drückt das → *lyrische Ich* seine Gefühle, seine Stimmungen, aber auch seine Erlebnisse, Einstellungen und Gedanken aus.
Viele Gedichte sind in **Strophen** gegliedert. Mindestens zwei Verszeilen werden in einer Strophe zusammengefasst. Oft beginnt mit einer Strophe ein neuer Gedanke. Es gibt Gedichte, die zwar einem bestimmten Rhythmus folgen, aber nicht am Wort- und Versende gereimt sind. Durch **Reime** erhalten Gedichte eine bestimmte Klangwirkung. Durch den Gleichklang der Reimwörter (z. B. *küssen – müssen; Fassaden – baden*) werden oft zwei oder mehr Verszeilen miteinander verbunden.

Drei Reimformen werden besonders oft verwendet (siehe S. 134):

Paarreim
a Sonne
a Wonne
b Eis
b heiß

umarmender Reim
a Sonne
b Eis
b heiß
c Wonne

Kreuzreim
a Sonne
b Eis
a Wonne
b heiß

Unter dem **Metrum** eines Gedichts versteht man die Folge von betonten und unbetonten Silben in den Wörtern eines Verses:

x x́ x x́ x x́ x (= Jambus)
Es war, als hätt der Himmel ...
x́ x x́ x x́ x x́ x (= Trochäus)
Als ich schläfrig heut erwachte ...

Eine besondere Gedichtform stellt das **Sonett** dar. Diese Gedichtform wurde im 14.–16. Jahrhundert häufig verwendet. Sie besteht aus zwei Strophen zu vier Zeilen und zwei Strophen zu drei Zeilen. Häufig wird in den beiden Vierzeilern das Thema vorgestellt, während die abschließenden Dreizeiler eine Auswertung oder Schlussfolgerung beinhalten.

Lyrisches Ich: Das lyrische Ich kann die oder der Sprechende im Gedicht sein. Das lyrische Ich kann, muss aber nicht die Einstellung oder Stimmung der Dichterin/des Dichters wiedergeben.

Märchen: Märchen erzählen Geschichten, die sich in Wirklichkeit nicht ereignen könnten. Oft handeln sie von Zauberern, Hexen, Feen und sprechenden Tieren. In einer räumlich und zeitlich nicht festgelegten Welt steht die Hauptfigur vor großen Gefahren und kaum lösbaren Aufgaben. Die Zahlen 3, 6, 7, 12 spielen eine besondere Rolle. Auch formelhafte Sprüche sind typisch für Märchen. Am Ende siegt meist das Gute.

Merkmale erzählender Texte: Wenn man eine Erzählung analysieren will, ist die genaue Untersuchung von folgenden Merkmalen wichtig:

1. **Erzählform:** Ein Autor kann in unterschiedlicher Weise erzählen. Daher unterscheidet man:
   Ich-Form: Das Geschehen, aber auch Gedanken und Gefühle werden aus der Sicht einer bestimmten Figur in der 1. Person erzählt: *Meine Eltern schlafen sicher schon. Mir aber dreht sich der Kopf, und ich komm nicht zur Ruhe. Was soll ich nur tun? Könnte ich doch nur die Zeit um einen halben Tag zurückdrehen!*
   Er-/Sie-Form: Der Erzähler stellt seine Personen in der dritten Person vor. Er kann dabei **als auktorialer Erzähler (auktoriales Erzählverhalten/auktoriales Erzählen)** auftreten. Der Autor ist der Allwissende, der das Geschehen von außen erzählt und auch mehr weiß als die Figuren des Geschehens und daher Ereignisse voraussehen oder auf sie zurückblicken und sie kommentieren kann.
   Jan vermutete, dass seine Eltern schon schliefen, während er sich im Bett wälzte und sich heftige Vorwürfe machte. Ein bisschen tat er sich auch selbst leid. Seine Eltern schliefen jedoch keineswegs, sondern fassten einen Entschluss.
   Der Erzähler kann aber auch in der 3. Person aus der Sicht einer Person die Geschichte erzählen und kommentieren. Man spricht dann von einem **personalen Erzähler (personales Erzählverhalten/personales Erzählen):**
   Jan wälzte sich im Bett und fand keine Ruh. Sicher würden seine Eltern schon schlafen. Warum nur konnte er die Zeit nicht zurückdrehen, nur einen halben Tag?
   Der Erzähler kann die Ereignisse aber auch von außen schildern und sich dabei auf die reine Wiedergabe der Handlung beschränken. Er gibt keine Kommentare oder Erklärungen ab. Man spricht dann von einem **neutralen Erzähler (neutrales Erzählverhalten/neutrales Erzählen):**
   Jan fuhr mit dem Fahrrad zum Training. Auf dem Sportplatz war niemand. „Wo seid ihr?“, rief Jan. Er stellte sein Fahrrad ab und setzte sich auf eine Bank.

2. **Zeitverhältnisse:** Wenn ein Erzähler ein Geschehen, das in der Realität sehr kurz ist, sehr ausführlich darstellt und kommentiert, spricht man von **Zeitdehnung:**
   In diesem Augenblick des Fallens liefen die Ereignisse der letzten Tage in seinem Kopf wie in einem Film ab: die Begegnung mit seinem Vater, sein unbeherrschtes Verhalten Marion gegenüber und das Treffen mit dem großen Unbekannten, der ihn in diese ausweglose Situation gebracht hatte.
   Von **Zeitraffung** hingegen spricht man, wenn der Autor ein Geschehen, das in der Realität länger dauert, zusammenfasst, nur andeutet oder überspringt:
   Als Jan Stunden später im Krankenhaus aufwachte, hatte er Mühe, sich zurechtzufinden.
   Stimmen die erzählte Zeit und die Erzählzeit überein, laufen also die Handlung im Text und in der Realität ungefähr gleich schnell ab, spricht man von **Zeitdeckung.**

3. **Redeformen:** Der Erzähler kann unterschiedliche Redeformen verwenden.
   Direkte Rede: In wörtlicher Rede werden Äußerungen und Gedanken wiedergegeben: *Jan war aufgebracht: „Was wissen Sie schon, was geschehen ist!“*
   Indirekte Rede: Äußerungen werden vom Erzähler wiedergegeben, zumeist unter Verwendung des → Konjunktivs: *Vollkommen unbeherrscht machte er allen um ihn Stehenden Vorwürfe, dass schließlich niemand gekommen sei, ihm zu helfen, und er daher ganz allein auf sich selbst gestellt gewesen sei.*
   Erlebte Rede: Der Erzähler gibt die Gedanken und Gefühle in der 3. Person und meistens im Präteritum wieder: *Als alle den Raum verlassen hatten, war Jan sehr niedergeschlagen. War es nicht auch sein Fehler, dass es so weit gekommen war? War er nicht einfach zu stolz gewesen?*

Innerer Monolog: Die Gedanken und Gefühle werden in der Ich-Form dargestellt, häufig im Präsens: *Jan nahm sein Handy und suchte die Nummer von Marion. Ich werde ihr alles erklären. Ich werde sie nicht um Verzeihung bitten, denn mein Verhalten kann man nicht entschuldigen.*

4. **Satzbau:** Man unterscheidet folgende Möglichkeiten des Satzbaus:
   - **Satzreihe (Parataxe):** Es werden nur Hauptsätze aneinandergereiht. Häufig sind sie kurz: *Jan schwieg. Sein Puls raste. Blut schoss ihm in den Kopf. Dann sprang er auf.*
   - **Satzgefüge (Hypotaxe):** Darunter versteht man den Verbund von Haupt- und Nebensätzen: *Als er die Tür öffnete* (Nebensatz), *blies ihm ein kalter Wind entgegen* (Hauptsatz), *der schon vor geraumer Zeit begonnen hatte zu wehen und sich nun zu einem Sturm entwickelte* (Relativsatz).
   - **Unvollständige Sätze (Ellipse):** → *Sprachliche Mittel*

   Die Wirkung dieser Satzformen kann sehr unterschiedlich sein und kann nur aus dem Zusammenhang des Textes erschlossen werden.

5. **Sprachliche Mittel:** → *Sprachliche Mittel*

Metapher: → *Sprachliche Mittel*

Metrum: → *Lyrik*

Neologismus: → *Sprachliche Mittel*

Operatoren: In jeder Aufgabenstellung werden Anweisungen gegeben. Diese Anweisungen bezeichnet man als Operatoren. Wichtige Operatoren sind:
zusammenfassen (Inhalte, Aussagen und Zusammenhänge komprimiert und strukturiert wiedergeben),
beschreiben (Textaussagen in eigenen Worten strukturiert wiedergeben),
(be)nennen (Informationen zusammentragen),
darstellen (Inhalte, Aussagen oder Zusammenhänge sachlich und strukturiert formulieren),
erläutern (Textaussagen oder Sachverhalte auf der Basis von Kenntnissen/Einsichten darstellen und durch Informationen/Beispiele veranschaulichen),
erklären (Textaussagen oder Sachverhalte auf der Basis von Kenntnissen und Einsichten darstellen),
bewerten (zu einer Textaussage, einem Sachverhalt ein selbstständiges Urteil abgeben und dabei die eigenen Wertmaßstäbe offenlegen),
begründen (eigene Aussagen erklären, z. B. durch Konjunktionen (*weil, denn, …*) einleiten),
schlussfolgern (auf der Grundlage gegebener Informationen zu eigenen Erkenntnissen gelangen),
Stellung nehmen (eine Problemstellung oder einen Sachverhalt auf der Grundlage von Kenntnissen, Einsichten und Erfahrungen kritisch prüfen und die Einschätzung sorgfältig abwägend formulieren),
verfassen (einen Text unter Beachtung der Vorgaben für eine bestimmte Textsorte formulieren).

Parabel: Eine lehrhafte Erzählung über eine allgemeine Erkenntnis oder Wahrheit, in der anders als im Gleichnis der direkte Vergleich mit dem Vergleichswort „wie" fehlt. Die Parabel enthält eine Sachebene (Sachteil) und eine Bildebene (Bildteil). Die Leser müssen selbstständig von der Bildebene auf die Sachebene schließen.

Paradoxon: → *Sprachliche Mittel*

Parallelismus: → *Sprachliche Mittel*

Personaler Erzähler: → *Merkmale erzählender Texte*

Personifikation: → *Sprachliche Mittel*

Redeformen: → *Merkmale erzählender Texte*

Reim: → *Lyrik*

Reportage: → *Journalistische Textsorten*

Rhetorische Frage: → *Sprachliche Mittel*

Roman: Der Roman ist eine lange Erzählung, die zwischen hundert und mehreren tausend Seiten umfassen kann. Im Zentrum eines Romans steht oft die ausführliche Schilderung der problematischen Situation eines Einzelnen. Beschrieben wird, wie er in seiner Umgebung und mit seinen Mitmenschen lebt, sich verändert und entwickelt.

Rückblick: Vor allem in der → *Epik* (Erzählung, Roman) gibt es solche Einschübe, die vor der Zeit der eigentlichen Handlung spielen. Sie dienen dazu, die jetzige Situation oder das Handeln einer Figur zu erklären.

Sachtext: Ein Sachtext informiert über Tatsachen, Vorgänge und Sachverhalte. Er kann z. B. über die Tier- oder Pflanzenwelt informieren oder über bedeutsame Ereignisse. Sachtexte findet man in Zeitungen, Zeitschriften (→ *Journalistische Textsorten)* oder in Sach- oder Schulbüchern.

Satire: Eine satirische Darstellung zeigt menschliche Schwächen oder Fehler in stark übertriebener Darstellungsweise auf. Sie will diese lächerlich machen, zum Nachdenken anregen, kritisieren und häufig auch eine Änderung von Verhaltensweisen bewirken. Satire kann in den verschiedensten Textsorten auftreten.

Merkmale:
1. Ironie → *Sprachliche Mittel*
2. Übertreibungen und überzogene Vergleiche
3. Verspottungen durch ins Lächerliche gezogene Situationen
4. Wortspiele

Satzgefüge: → *Merkmale erzählender Texte*

Satzreihe: → *Merkmale erzählender Texte*

Sprachliche Mittel: Nahezu in allen Texten werden gezielt sprachliche Mittel eingesetzt, um bestimmte Wirkungen zu erzielen (siehe Übersicht am Ende dieser Seite).

Sonett: → *Lyrik*

Strophe: → *Lyrik*

Umarmender Reim: → *Lyrik*

Vergleich: → *Sprachliche Mittel*

Vers: → *Lyrik*

Vorausdeutung: Vor allem in der → *Epik* (Erzählung, Roman) gibt es solche Hinweise auf das, was nach der Zeit der eigentlichen Handlung passiert. Vorausdeutungen dienen einerseits dazu, das Interesse an der weiteren Entwicklung zu wecken, ordnen das Geschehen aber auch in einen Gesamtzusammenhang ein.

Zeitdeckung: → *Merkmale erzählender Texte*

Zeitdehnung: → *Merkmale erzählender Texte*

Zeitraffung: → *Merkmale erzählender Texte*

Zeitverhältnisse: → *Merkmale erzählender Texte*

Sprachliche Mittel	Erläuterung	Beispiel	mögliche Wirkung
Alliteration, die	Wiederholung von Anfangslauten bei aufeinanderfolgenden Wörtern	Milch macht müde Männer munter.	emotionale Verstärkung des gewünschten Eindrucks
Anapher, die	Wiederholung derselben Wortgruppe an Satz-/Versanfängen	Worte sind verletzend. Worte sind unersetzlich.	Eindringlichkeit; Rhythmisierung erreichen
Ellipse, die	unvollständiger Satz, der aber sinngemäß leicht zu ergänzen ist	Feuer! / Je früher der Abschied, desto kürzer die Qual.	der wichtigste Aspekt soll hervorgehoben werden
Euphemismus, der	Beschönigung	vollschlank statt dick / eingeschlafen statt gestorben	abgemilderte Negativbotschaft, taktisches Verhalten
Hyperbel, die	starke Unter- oder Übertreibung	Es ist zum Haareraufen! / ein Meer von Tränen	Dramatisierung; starke Veranschaulichung
Ironie, die	Äußerung, die durchblicken lässt, dass das Gegenteil gemeint ist	Das hast du ja ganz toll hinbekommen! / Vier Wochen Regen. Super!	Herabsetzung; kritische Anmerkung; Stellungnahme
Klimax, die	Steigerung; meist dreigliedrig	Er kam, sah und siegte.	Dramatisierung
Metapher, die	verkürzter Vergleich, Verwendung eines Wortes in übertragener Bedeutung	Geldwäsche / Er war ein Löwe in der Schlacht. / Du bist meine Sonne.	Veranschaulichung
Neologismus, der	Wortneuschöpfung	Mobbing / Gammelfleisch / unkaputtbar (Werbesprache)	Hervorhebung
Oxymoron, das	Verbindung von sich ausschließenden Begriffen	Weniger ist mehr / Eile mit Weile / unblutiger Krieg	Verdeutlichung; Ausdruck von Widersprüchlichkeit
Paradoxon, das	Zusammenstellung von Wörtern, die sich eigentlich widersprechen	bittersüß / Vor lauter Individualismus tragen sie eine Uniform.	starker Anreiz zum Nachdenken
Parallelismus, der	Wiederholung gleicher Satzstrukturen	Ein Blitz leuchtete, der Donner folgte, ein Gewitter setzte ein.	Dramatisierung, Intensivierung
Personifikation, die	Vermenschlichung; Gegenstände oder Tiere erhalten die Eigenschaften oder Fähigkeiten von Menschen	Die Sonne lacht. / Die Smileys haben uns fest im Griff. / Mutter Natur	lebendige und anschauliche Darstellung
rhetorische Frage, die	scheinbare Frage, deren Antwort jeder kennt; Leser und Zuhörer müssen zustimmen, da ihr Einverständnis vorausgesetzt wird	Gibt es den idealen Menschen? / Wer ist schon perfekt? / Wer glaubt denn das noch?	Mobilisierung einer bestätigenden Reaktion der Leser
Vergleich, der	Verknüpfung zweier Begriffe mit *wie*	Der Kämpfer ist stark wie ein Löwe.	anschauliche Darstellung

Übersicht zu den Textarten

Die bisher prüfungsrelevanten Textarten für das Leseverständnis oder die Schreibaufgaben sind in der folgenden Übersicht unterschlängelt.

Kontinuierliche Texte

Grundformen der Dichtung (fiktional)

Epik (erzählende Texte)

- Erzählung
- Fabel
- Gleichnis
- Kalendergeschichte
- Kurzgeschichte
- Legende
- Märchen
- Novelle
- Parabel
- Roman/Romanauszug
- Sage
- Satire

…

Lyrik (Texte in Versform)

- Ballade
- Gedicht
- konkrete Poesie
- Lied
- Moritat
- Ode
- Slam-Poetry

…

Dramatik (Theatertexte)

- Hörspiel
- Komödie
- Musical
- Oper
- Schauspiel
- Tragödie

…

Sachtexte (nicht-fiktional)

- Autobiografie
- Bericht
- Biografie
- Blogeintrag/Chat
- Brief
- Definition
- Dokumentation
- Essay
- Exzerpt
- Glosse
- Interview
- Kommentar
- Leserbrief
- Lexikontext
- Nachricht/Meldung
- politische Rede
- Reportage

…

Diskontinuierliche Texte

- Balkendiagramm
- Comic/Graphic Novel
- Flyer
- Foto
- Illustration
- Infografik
- Kreisdiagramm
- Kurvendiagramm
- Lebenslauf
- Piktogramm
- Plakat
- Säulendiagramm
- Schaubild
- Tabelle
- Wellendiagramm
- Zeichnung

…

Besondere Merkmale, z. B. … (vgl. dazu C 1.2, C 2.2, C 2.3, C 3.2 und das Glossar)

Epik

- Erzähler
- Erzählform
- Erzählhaltung
- innerer Monolog
- Zeitgestaltung

…

Lyrik

- Strophen
- Verse
- Reimschemata
- sprachliche Bilder
- lyrischer Sprecher

…

Dramatik

- Akte
- Szenen
- Dialoge
- Monologe
- Regieanweisungen
- Bühnenbild

…

Sachtexte

- Fakten
- informativ
- argumentativ
- sachlich
- verschiedene Medien
- narrativ
- deskriptiv

…

Diskontinuierliche Texte

- Legende
- Farbdeutung
- Einheiten
- verschiedene Werte
- Entwicklung
- Prozentzahlen
- Zeitraum

…

Nicht immer ist in der Prüfungsvorlage angegeben, um welche Textart es sich bei den Materialien handelt. Daher ist es wichtig, dass du die richtigen Bezeichnungen lernst, um durch bestimmte Textmerkmale die Textart und ihre Wirkung/Funktion ermitteln und benennen zu können.